JN012680

したたかに"楽しむ"！ 洗練された「人生の経営者」を目指して

FINANCIAL LIFE ENGINEERING

ファイナンシャル・ライフ・エンジニアリング

FOR FINANCIAL WELL-BEING

井戸 照喜 著
Teruki Ido

一般社団法人 金融財政事情研究会

刊行に寄せて

　この本の著者　井戸照喜さんは、私の同志であり、日本のファイナンシャル・ウェルビーイングについての第一人者です。

　私は、ウェルビーイング、Beyond GDP、卒近代という概念を広め、より多くの人が、より幸せな人生を送っていただくためにさまざまな活動を行っています。私は、ウェルビーイング学会の副代表理事や東京大学ウェルビーイング研究ユニット長を務めていますが、井戸さんとは、学会や東京大学での研究・教育・普及活動をご一緒しています。特に、ファイナンシャル・ウェルビーイングについて、井戸さんには、いろいろと教えていただき、さまざまなプロジェクトをリードしていただいています。とても感謝しています。

　井戸さんが、この度、ファイナンシャル・ウェルビーイングを中核に据えた金融リテラシーに関する、まったく新しい切り口の書籍を出版されました。日本で初めての試みであり、日本社会にとって、大変、時宜を得た、素晴らしいことだと、心から敬意を表したいと思います。

　私は、四半期ごとのGDPが発表になる日にあわせて、日本全体と各都道府県におけるGDW（Gross Domestic Wellbeing）の推移を公表しています。あわせて、ウェルビーイング実感に何が影響しているのかも解説していますが、現在の生活に対する影響ランキングで、「世帯収入における主観的満足度」が最上位で「食事のための十分なお金」も３位に入っています。つまり、ファイナンシャル・ウェルビーイングが、最も重要だということが分かります。
　さらに、興味深いのは、「雇用状況」は11位、「世帯収入」そのものは12位

となっていることです。これを、どう解釈すればいいのでしょうか。所得や収入の実態はもちろん重要ですが、その実態をどう理解したらいいのかを自分の人生に引き付けて解釈できる「金融リテラシー」も同様に重要だということです。この収入を積み立てていけば大丈夫だ、あるいは、この収入をこのように増やしていけば、未来のライフイベントへの備えとして大丈夫だと理解できれば、過剰な不安がなくなり、主観的満足度は上がります。つまり、金融リテラシー度を高めれば主観的満足度を高めることができるのです。

　今回の著作には、素晴らしい発見も詳しく紹介されています。チーム井戸の皆さんのご努力により、「金融リテラシー度」が高い人ほど主体的に意思決定して仕事をしている傾向が強いこと、「お金を得るために働く」よりも「働き甲斐」につながる回答（社会の一員として務めを果たすために働く、自分の才能や能力を発揮するために働く、生き甲斐を見つけるために働く）が多くなる傾向にあるということが、明らかになりました。これは大発見です。詳細は本文をお読みいただきたいのですが、金融リテラシー度の高い年収300万円の人のほうが、金融リテラシー度の高くない年収700万円の人よりも、働き甲斐のために働いている人の割合がはるかに高いという調査結果は、私たち研究者にとっても、ここまで違いが出てくるのかと大変な驚きであり、注目を集めることになりました。

　金融リテラシー度が高ければ、お金の心配をしすぎなくてよくなるので、お金のためではなく、働き甲斐のために働けるということを見事にエビデンスでもって示していただきました。ウェルビーイング研究にとっても大変な貢献です。

　本書の後半では、本当にウェルビーイングにとって大事な金融リテラシーを、井戸さん持ち前の明快な説明で大変分かりやすく解説されています。

この本が1人でも多くの方々に読まれ、読んでいただいた方々の金融リテラシー度が高まり、人生の貴重な時間やエネルギーを、人生の生き甲斐、働き甲斐のために使う方々が増え、ウェルビーイングが高まることを心より願っています。

　井戸さん、素晴らしい著作を世に出していただき、ありがとうございました。改めて、感謝申し上げます。

東京大学公共政策大学院教授　**鈴木　寛**

はじめに

　私が社会人になった1989年頃、東大工学部からの文系就職（商社、シンクタンク、金融機関など）が1割を超えた、ということが話題になっていたように記憶しています。それでも、大学院卒で金融機関に就職するケースは稀で、「原子力工学専攻の大学院で銀行に就職するのは君が初めてだが、それで後悔しないのか」と先生から念を押されたのを覚えています。「どうして原子力から信託銀行に？」というのは何度となく受けてきた質問です。

　振り返ってみれば、私自身は商売人の家に育ち、毎日、短波ラジオで株価が流れ、リビングにはいつも四季報がありました。そんなことで、家庭教師のアルバイトで資金を貯め、見よう見まねではあったものの、ごく自然なかたちで学生時代から個別株投資を始めました。株式投資に限らず、麻雀、パチンコ、囲碁・将棋など勝負事は何でも好きでした。その一方で、学校の科目では、パズルを解くような感覚で算数・数学が小さい頃から好きでした。この「勝負事」と「数学」を、資産運用とアクチュアリー（年金数理の専門家）という業務で仕事にできる会社があると、先に信託銀行に就職していた高校時代の友人から聞き、「数年間、研究しただけの原子力よりも、ずっと好きだった勝負事と数学をとるか」と、信託銀行がどういうところなのかもよく分からないまま、3日間で就職を決めたというのが本当のところです。

　そんな経緯で入社しましたが、実際、約10年間は年金数理の業務、その後の約10年間は年金運用の業務に携わりました。私が企業年金の運用業務を担当していた頃が、ちょうど企業年金でのオルタナティブ投資（ヘッジファンド、プライベートエクイティ、私募不動産ファンドなど）の黎明期で、オルタナティブ投資のファンドマネージャーの投資哲学やゲートキーパー（運用者を見極める専門家）の秘訣について、当時の世界最大のマネージャーからレクチャーを受ける機会などにも恵まれ、「投資」と一言でいっても「幅が広

く、奥が深い」ということを実感しました。

　その後、入社して約20年が過ぎて45歳になった頃、個人のお客様向けの商品・サービスに、企業年金の伝統的な投資手法（国際分散投資）やオルタナティブ投資といった最先端のノウハウを円滑に移植していく、という業務に携わることとなりました。その中心が「ラップ口座」といわれる投資一任運用サービスでした。ラップ口座の投資判断責任者を務めているときに「リーマンショック」（2008年9月）や「東日本大震災」（2011年3月）を経験しました。

　このような大きな市場変動を経験するに従い、「投資」は「幅も広く、奥も深い」けれど、多くの人にとって相応しい「投資」というのは、どういうものなのか、ということを自問自答するようになりました。

　そのうちに、多くの人にとって「投資」は「仕事でもなければ趣味でもない」だろう、「自分らしく暮らしていきたい」という「ライフプラン」に対する思いがあり、その「ライフプラン」に応じた「マネープラン」を実現していけるようにする手段の1つが「投資」であり、ライフイベントに備えるという観点では、貯蓄や投資だけでなく、生命保険や損害保険、住宅ローンなども含めた多くの金融商品・サービスをマネージできるようになることが大切であると考えるようになりました。この考え方を実践していくコンセプトとして、三井住友信託銀行では「トラストバンカシュアランス®」戦略（※）を標榜して、個人のお客様へのコンサルティング手法の充実に取り組んできました。
※銀行ビジネスと保険ビジネスを信託銀行らしく融合させる戦略。

　今年（2024年）は、NISA制度の抜本的拡充や恒久化が実現し、さらには「金融経済教育推進機構」が設立されるなど、「投資」というものへの注目度が不連続的に高まるターニングポイントになるかもしれないと感じています。しかしながら、「投資」にスポットが当たれば当たるほど、「こうすれば儲かる」というような部分が強調され、そのことに私たち一人ひとりが振り

回されるようになってしまいますと、「ライフプラン」の実現という、本来の目的が見失われるリスクが高まっていくようにも思えます。こういう時代であるからこそ、「投資」だけにフォーカスするのではなく、マネープラン全体を捉えることから始めて、そのうえで、多くの人にとって相応しいと想定される「マネープランとしての投資」というものについて、丁寧に解説していくことが必要なのではないかという "想い" が強くなりました。

　本書は、「こうすれば儲かる」「これを知らないと損をする」といった話をテンポよくお伝えするものではなく「理屈っぽく、つまらない」とお感じになるかもしれません。しかしながら、数多の出版物や動画で説明されているような「投資ノウハウ」や、金融機関やファイナンシャル・アドバイザーの方々の「セールストーク」はどこかシックリこない、「お金」のことはシッカリと考えたいが、何を読んでもどこに相談しても釈然としないというような方にこそ読んでいただきたいと考えています。

　私自身が、これまで出会った沢山の人々からの "学び" や、さまざまな場面を実体験したからこそ得られた "教訓" をふまえて、なぜ、今、私たち一人ひとりの「ファイナンシャル・ウェルビーイング」向上が大切なのか、そのために真に必要となる、洗練された「パーソナルファイナンス分野」の理論と実践とはどのようなものなのかを紐解いていきます。これにより、少しでも本書を手にとっていただいた皆様のお役に立つことができれば幸いです。

　2024年4月

井戸　照喜

◆本書の特徴・使い方

　巷で語られている「こうすれば儲かる」「これを知らないと損をする」という解説は、「マネープラン」全体の中の投資に関わる部分で、しかも、その投資の中の特定のスタイルにのみ当てはまるケースであることも多いと思われます。別の投資スタイルからみれば矛盾する内容もありますが、説明する側が、そのことをよく理解していないケースも散見されると感じています。このような**部分最適の解説に振り回されることなく、私たち一人ひとりにとって「全体最適」とはどういうことなのかという視点をもつことが、「金融経済教育」や「金融商品・サービス」を提供する皆様にとっても、それらを活用する皆様にとっても極めて重要**であると思われます。

　そこで、本書の第1章では、私たち一人ひとりの「ウェルビーイング（生活満足度）」を高める重要な要素として「ファイナンシャル・ウェルビーイング」を位置付け、第2章では、その「ファイナンシャル・ウェルビーイング」を向上させるための「ファイナンシャル・ライフ・エンジニアリング」について、その全体像を示しています。

　第3章〜第5章では、第2章で示した全体像の中の「投資」という部分について、投資スタイルを整理したうえで、多くの人にとって重要な「マネープランとしての投資」にフォーカスして、プロフェッショナルではない一般の投資家が実践的に活用可能であると思われる手法の理論的な背景を体系的に解説しています。具体的には、第3章が「一括投資」、第4章が「積立投資・資産活用」で、第5章では、金融経済教育を提供している側も実はよく分かっていないことが多い「リスク許容度」という概念を再考し、「積立投資・資産活用」において「投資性資産への投資割合」をアドバイスする手法（個人版年金ALM）を解説しています。

　先ほど、私たち一人ひとりにとって「全体最適」とはどういうことなのかという視点をもつことが極めて重要であると述べましたが、一般の方々にとっては「それがどういうことなのか」というイメージが湧かないことも多

いのではないかと思えます。そこで、第6章には、私たちが実生活で直面する具体的な場面を想定しながら、「全体最適」という発想がどういうことなのかをイメージしてもらえるように、「ケーススタディ」を取り上げています。

　本書は、このような全体構成となっていますので、手にとっていただいた皆様の状況に応じて、読み進めていただくのがよいと考えています。

　例えば、以下のような活用方法もあるかと思います。

全体像を俯瞰する視点を養いたい方

　　「第1章」⇒「第2章」⇒「第3章〜第5章」（各章の冒頭のイントロダクションと関心のある部分の拾い読み程度にとどめる）⇒「第6章」⇒「終章」（今後の方向性）と読み進める。

具体的な活用例をイメージしてから、理論的な背景を確認したい方

　　「第6章」⇒「第1章〜第5章」（第6章のケーススタディの理論的背景になっている該当箇所を確認）⇒「第1章」⇒「第2章」⇒「終章」（今後の方向性）と読み進める。

「投資」に関わる部分の理論的な背景などを体系的に理解したい方

　　「第3章」（一括投資）⇒「第4章」（積立投資・資産活用）⇒「第5章」（リスク許容度の再考）⇒「終章」（今後の方向性）を、それぞれの章のつながりや、算式展開まで含めて丁寧に読み進める。

［本書の全体構成］

「第1章」ファイナンシャル・ウェルビーイングが日本で注目されだしている背景

「第2章」「ファイナンシャル・ライフ・エンジニアリング」全体像

「第3章」「一括投資」の技法―「長期投資と分散投資」＋「タイミング分散」―

◆購入者特典プログラムについて

　本書の購入者に限り、第4章第6節で紹介している、「積立計画・取崩計画」策定ツール「PLAY WITH PENSION PLAN®」（略称PPPツール）のExcelバージョン（以下、「本プログラム」）を下記のウェブサイトからダウンロードすることができます。

　ウェブサイト　https://www.kinzai.jp/tokuten/
　パスワード　　AyFPw53w

　本プログラムはシート1～3、一覧表（シート1～3の3つのケースを一覧表で比較できるシート）から構成されています。シート1には図表4−20・4−21の事例、シート2には図表4−22の事例があらかじめ入力されていますが、読者の皆様の状況に応じて自由に、各シートの白地セル（「シミュレーションの条件」）に数値を入力して計算結果を確認することができます。

〈注意事項〉

・本プログラムを使用した計算過程や結果等について、著者は一切の責任を負いません。すべて使用者の責任において使用してください。
・本プログラムは、Microsoft® Excel®バージョン2023で作成しています（拡張子.xlsx）。使用するExcelのバージョンによっては、読み込みできない場合があります。
・本プログラムは著者が作成したものであり、本プログラムの著作権は著者に帰属します。
・本プログラムは本書の購入者に限って使用を許可するものであり、本プログラム内容の一部または全部を、著者の許可なく複写・複製・頒布すること、および磁気または光記録媒体、コンピュータネットワーク上等へ入力することを禁じます。
・本プログラムは、予告なく変更あるいは提供を停止されることがあります。

目　次

第 1 章　ファイナンシャル・ウェルビーイングが日本で注目されだしている背景

第 2 章　「ファイナンシャル・ライフ・エンジニアリング」全体像

第 **4** 章 「積立投資」「資産活用」の技法
─マネープランとしての「積立計画・取崩計画」の策定─

第 **6** 章　ケーススタディ編

※　本書の見解・意見に係る部分はすべて筆者個人のものであり、所属する組織の見解を
　示すものではありません。

第 1 章

ファイナンシャル・ウェルビーイングが日本で注目されだしている背景

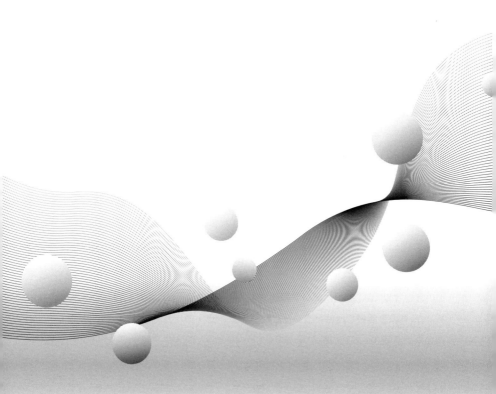

〈イントロダクション〉

　国内外で「ウェルビーイング」に対する注目度が高まる一方で、我が国において
は「資産所得倍増プラン」が打ち出され、「貯蓄から投資へ」を促進する取組み
（iDeCo制度の改革・NISA制度の抜本的拡充や恒久化、金融経済教育の推進など）
が加速される流れにあります。また、一足先に学校では学習指導要領が改訂され、
金融教育の内容充実が図られています。これまでの「経済成長一辺倒」から「ウェ
ルビーイング」を重視する社会への転換期において、これらは「ウェルビーイン
グ」と一見矛盾するように思えます。

　しかしながら、「ウェルビーイング」実現には「心身の健康（Physical Well-
being）」だけではなく、さまざまな面で満たされた状態であることが重要だとい
われています。例えば、米国ギャラップ社は「（心身の）健康」「キャリア」「コ
ミュニティ」「ソーシャル」と並んで「ファイナンシャル」を構成要素として定義
しており、同社が調査・分析を行った「2023年日本版Well-being Initiative―第2四
半期」報告では、「生活評価指数（ウェルビーイング実感）」の最大影響要因は「所
得に対する主観的感情」であるという分析結果が示されています。また、「満足
度・生活の質に関する調査報告書2023～我が国のWell-beingの動向～」（内閣府）に
よれば、分野別の満足度と将来不安度の相関関係の分析で、「家計と資産の分野に
おける満足度」が「将来不安度」と最も負の相関係数が大きいと報告されています。

　それでは、**私たち一人ひとりが、このような環境変化をどう捉えて、どういう姿
勢で「お金」のことに向き合えばよいのでしょうか。**また、それに相応しい「金融
経済教育」とはどのようなものなのでしょうか。「金融経済教育」といっても、「こ
うすれば儲かります」「これを知らないと損です」というようなことだけ聞かされ
ても、「私たち一人ひとりの金融資産（貯蓄）を単に投資に振り向けさせたいだけ
なのではないのか」と思えてしまいますが、冷静に考えてみますと、私たち一人ひ
とりが受けてきた「無駄遣いはよくない」「お金は汗水たらして働いて稼ぐもの」
といった断片的な教えだけでは、老後資金に代表される「お金の不安」を解消でき
ない時代になっていることは確かです。**人生100年時代、**長くなったセカンドライ
フも含めて、**「令和」という可能性のある時代を、"したたかに楽しむ、洗練された
「人生の経営者」"とはどういうことなのか、**第1章ではそこから説明を始めます。

第1節 「ウェルビーイング」への関心の高まり

　最近、「ウェルビーイング」という言葉が国内外を問わず、注目を浴びるようになってきています。例えば、「自由民主党：日本Well-being計画推進特命委員会（第六次提言）」（2023年5月11日）では、「**生活全体への満足度・生活の質を維持できるような国づくりをしていく必要がある。そのためにも、GDPなどの経済指標だけに注目するのではなく、主観的Well-beingも含めた多様な側面に焦点を当てていくことが重要である（GDPからGDWへ）**」と述べられています（図表1－1）。

図表1－1　自由民主党の「ウェルビーイング」に関する提言

　本委員会は、これまで6年に亘り活動してきたが、2022年の「ウェルビーイング」を含む記事数は前年の3.3倍、2019年比で約95倍と大きく上昇しているなど、我が国におけるWell-beingへの関心は徐々に広がる傾向にある。一方で、「ウェルビーイング」の認知・理解度は約2割にとどまるという調査があるように、世間への浸透はまだこれからというところがある。前述の記事数の推移は、足元では国民の8割以上が認知・理解するようになった「SDGs」の拡がりと酷似しており、近い将来、Well-beingの認知度も大きく上昇する可能性がある。今後、我が国において更に普及させていくためには、Well-beingとは具体的にどのようなものなのかを国民に対して分かりやすく説明することが不可欠であり、こうした好機を逃さず、産・学・官一体となって取組を前に進めていくことが求められる。コロナ禍において国民のWell-beingは低下したが、こうした緊急事態においても、幸福感や働きがい、生きがいを感じながら、**生活全体への満足度・生活の質を維持できるような国づくりをしていく必要がある。そのためにも、GDPなどの経済指標だけに注目するのではなく、主観的Well-beingも含めた多様な側面に焦点を当てていくことが重要である（GDPからGDWへ）**。

注：太字による強調は筆者。
出所：「自由民主党：日本Well-being計画推進特命委員会（第六次提言）」（2023年5月11日）

さらに、この委員会の提言後に策定された「経済財政運営の改革の基本方針2023について」（閣議決定、2023年6月16日、いわゆる「骨太方針」）では、例えば、「第4章　中長期の経済財政運営」で、「……**「成長と分配の好循環」の実現状況を各種指標（1人当たり実質GDP、Well-being（生活満足度）、1人当たり賃金・俸給（あるいは雇用者報酬）、中間所得層の構成割合など）から検証する。**……」とし、さらに「……**政府の各種の基本計画等におけるKPIへのWell-being指標の導入を加速するとともに、こどもに着目した指標の在り方について検討する。さらに、地方自治体におけるWell-being指標の活用を促進する。**……」と述べられています（太字による強調は筆者）。

第 2 節　知っておきたい「ファイナンシャル・ウェルビーイング」という考え方

(1)　日本でも注目されだしている「ファイナンシャル・ウェルビーイング」

　このような流れを受けて、「ウェルビーイング」の中の 1 つの要素として「ファイナンシャル・ウェルビーイング」という言葉を耳にする機会も少しずつ増えてきています。

　例えば、「令和 5 事務年度金融行政方針」（金融庁）では「金融経済教育の充実」に関する項目で「安定的な資産形成の重要性を広く浸透させるためには、金融経済教育の充実を通じて、国民の金融リテラシー向上に取り組むことが重要である。……国民一人ひとりが描くファイナンシャル・ウェルビーイングを実現し、自立的で持続可能な生活を送ることのできる社会づくりに貢献していく」と謳われており、**「金融経済教育の充実」**による**「金融リテラシー向上」**とともに**「（国民一人ひとりが描く）ファイナンシャル・ウェルビーイングの実現」**を目指す姿と位置付けています（図表 1 - 2）。

(2)　私たち一人ひとりにとっての「ファイナンシャル・ウェルビーイング」とは？

　「国内外の動向」や「政府の方針」といいますと、かなり「遠い話」にお感じになる方も多いと思われますが、**「ファイナンシャル・ウェルビーイング」**が注目されだしている背景には、私たち一人ひとりにとっても関係の深い**「個人の生活設計の変化」**と**「企業を取り巻く環境の変化」**があるのではないかと考えています。

図表 1 － 2　金融行政方針における「ファイナンシャル・ウェルビーイング」に
　　　　　　　関する記述

> 1．資産運用立国の実現と資産所得倍増プランの推進
> (3)　金融経済教育の充実
> ・安定的な資産形成の重要性を広く浸透させるためには、金融経済教育の充実を通じて、国民の金融リテラシー向上に取り組むことが重要である。官民の様々な主体による活動の重複を解消しつつ、それぞれ蓄積してきたノウハウを集結させ、国全体として、中立的立場から、金融経済教育の機会提供に向けた取組を推進するための体制を整備する。この観点から、関連法案の成立・施行を前提に、「金融経済教育推進機構」を2024年春に設立し、同年夏に本格稼働させることを目指す。
> ・同機構においては、多様なステークホルダーとの連携を通じて、企業の雇用者向けセミナーをより広く支援・促進するなど、教育活動を抜本的に拡充していくほか、講師向け養成プログラムの導入等による教育の質の向上も進める。また、同機構は、一人ひとりに寄り添った個別相談を実施していくとともに、顧客の立場に立ったアドバイザーの認定・支援を行うことを通じて、個人が安心して相談できる環境づくりに取り組む。これにより、国民一人ひとりが描くファイナンシャル・ウェルビーイング（注）を実現し、自立的で持続可能な生活を送ることのできる社会づくりに貢献していく。

注：ファイナンシャル・ウェルビーイングについては、例えばOECDが2023年4月に公表した「G20/OECD金融消費者保護ハイレベル原則に関する理事会勧告」では、「個人のファイナンシャル・ウェルビーイングとは、自律的および他律的な要因を踏まえて、自分の現在および将来の経済状況を管理し、これに安全を持ち、自由を持つことを指す」（仮訳）とされている。
出所：金融庁「令和5事務年度金融行政方針」（2023年8月29日）

(3)　「昭和」「平成」「令和」という時間軸で眺めた「個人の生活設計の変化」

　「個人の生活設計の変化」を、「昭和」「平成」「令和」という時間軸で眺めてみますと、**価値観やライフスタイルの多様化**の影響が大きいのではないかと思えます。「昭和」のライフスタイル（夫婦と子ども2人、世帯主の夫と専業主婦が「標準家庭」）から「平成」を経て、「令和」となった現在では、夫婦で働くことが当たり前となる一方で、ずっとシングルの方、同性パート

ナーと過ごす方など、まさに多様なライフスタイルが一般的となってきています。

　このような変化と同時に進行している「**人生100年時代**」ということも、大きな影響があると思えます。少し脇道にそれますが、現在、50代以上の世代は、『サザエさん』に描かれた「波平は54歳、会社定年は55歳、平均寿命は60歳くらい、しかも3世代同居」というライフスタイルをみながら育ってきました。この設定のように「セカンドライフが5年ぐらいで3世代同居」ということならばセカンドライフを強く意識することもなかったのかもしれません。しかしながら、これから定年を迎える50代の会社員の場合、定年年齢は60歳か65歳くらいで、それに対して「人生100年時代」と考えますと、セカンドライフは40年か35年となり、セカンドライフが30年以上も伸びているということになります。

　定年年齢が5年か、せいぜい10年しか伸びていないのに、その間に、セカンドライフは30年以上も伸びているわけです。現在、50〜60代の世代では、セカンドライフを迎える直前になって、漠然と捉えていた「セカンドライフ」と現実とのギャップに戸惑う方も多いのではないでしょうか。

　企業が実施する50歳前後での「セカンドキャリア研修」や「（50〜60代の方を対象にした）マネープランセミナー」などに関わりますと、「こういう話をもっと早く聞いておきたかった」という声を耳にすることが増えています。**本来は、そういう時代の変わり目であるということを、私たち一人ひとりがもっと早い時期から意識する必要があるのではないかと感じています。**

　「企業を取り巻く環境の変化」では、定年延長への対応が「待ったなし」となってきており、その「定年延長」は「健保財政の悪化」という副作用につながる可能性があります。最近では40〜50代でのキャリアアップを伴う転職の増加が目立つなど、企業の立場からは、働く期間が長くなったがゆえの「優秀な人材の流失」が懸念されることから、生き生きと長く働いてもらえる環境整備が大きな課題になってきています。

⑷ 「ファイナンシャル・ウェルビーイング」が重要になっている背景は？

　私たち一人ひとりの視点で、企業の「定年延長」を捉え直しますと、「新卒でどこかの会社に就職して、定年まで同じ会社に勤める」という働き方は、もはや「絶滅危惧種」のようなものであり、**20代や30代だけでなく、40代や50代でも自分自身のキャリアパスを主体的に考え、社内外を問わず「より働き甲斐のある仕事を自ら選択していく」働き方が、一般的になりつつある**という認識をもったほうがよいと思えます。

　このように「働き方」が変化し、「昭和」の標準家庭といったようなモデルパターンもなくなり、公私共々、一人ひとりが自分自身の価値観に応じてライフスタイルを選んでいく時代となっています。さらに、人生100年時代でセカンドライフの期間が大きく伸長し、選択できるライフスタイルの幅も大きく広がっています。その一方で、「ご近所さんとの助け合い」や「３世代同居による（家庭内での）補完機能」が維持されていた時代と比べますと、私たち一人ひとりを支えるさまざまな"つながり"は希薄化する傾向にあることは確かでしょう。そういう時代であるからこそ、**私たち一人ひとりが自分自身の価値観やライフスタイルに応じて「将来のライフイベントを適切に把握し、賢い意思決定により、お金に関する不安を解消させ、未来に向けて自律的に行動できる状態」**（ファイナンシャル・ウェルビーイング）であることの重要性が高まっているのではないでしょうか。

　このような環境変化は、「投資家」が会社を評価するスタンスにも影響を与えています。変化が激しい時代の中で、会社の「パーパス（存在意義）」を定め、そのパーパスを実現するための経営戦略と結びつくような「付加価値」を生み出す人材の育成に、経営としてどう取り組んでいるか、すなわち「人的資本経営」に関する注目度が増してきています。

　この「人的資本への投資」の状況を有価証券報告書や統合報告書などに詳しく掲載する企業も増えてきており、その一環として、**従業員の「ファイナ**

ンシャル・ウェルビーイング」向上にどのように取り組むかということも、企業の人事ラインだけの問題ではなく「経営課題そのもの」としてクローズアップされています。

(1) 金融道徳と「金融経済教育」

　このような環境変化もふまえて、金融庁は「令和5事務年度金融行政方針」で「安定的な資産形成の重要性を広く浸透させるためには、金融経済教育の充実を通じて、国民の金融リテラシー向上に取り組むことが重要である。……国民一人ひとりが描くファイナンシャル・ウェルビーイングを実現し、自立的で持続可能な生活を送ることのできる社会づくりに貢献していく」（図表1－2）と謳っていますが、それでは、それに相応しい「金融経済教育」とはどのようなものでしょうか。

　「投資」の話にフォーカスして、「こうすれば儲かります」「これを知らないと損です」というような「金融経済教育」では、私たち一人ひとりの金融資産（貯蓄）を何とか「投資」に振り向けさせたいだけなのではないかと、国民の不信感を招くだけでしょう。

　かといって、私たち一人ひとりが受けてきた「無駄遣いはよくない」「お金は汗水たらして働いて稼ぐもの」といった断片的な教えだけでは、老後資金に代表される「お金の不安」を解消できない時代になっていることは確かです。**自分自身の将来を見据えて、場合によっては「投資」という手段も活用しながら、人生の選択肢を拡大していくことがこれまで以上に重要になっています。**このような環境変化があるにもかかわらず、相変わらず「無駄遣いはよくない」「お金は汗水たらして働いて稼ぐもの」といった話だけでは、いつの間にか「お金は使わないほうがよい」「働くのはお金のため」というようなマインドセットになってしまい、いつまでたっても「（何歳になっても）お金は使わずに貯めておく」「お金の話ははしたない」「投資なんてと

んでもない」ということになってしまいます。

　人生100年時代、長くなったセカンドライフも含めて、「令和」という可能性のある時代を自分らしく「生きる力」を育み、私たち一人ひとりの「ファイナンシャル・ウェルビーイング」向上に資するような「金融経済教育」のあり方を探求する必要があります。

⑵　「ファイナンシャル・ウェルビーイング」向上のカギは「長期」「多額」のキャッシュフロー・マネジメント

　「ファイナンシャル・ウェルビーイング」向上や「金融経済教育」の充実という観点から、2022年度の「学習指導要領の改訂」で金融商品・サービスのメリットやデメリットを説明するようになったことは、私たち一人ひとりにとっても、極めて大きな意味をもちます。その一方で、個別の商品・サービスを説明する段になると、説明する側は「貯める＝貯蓄」「増やす＝投資」「備える＝保険」と順番に説明していくようになりがちで、本来、知っておくべき全体像はかえって分かりづらくなるという弊害もあります。

　ある一定の資産額がある顧客に対して、「商品ありき」で提案することが中心であった金融業界の経験者であれば、このような説明スタイルが自然なアプローチに感じられるかもしれませんが、**ライフプランに対応する「マネープラン」の策定に資するような「金融経済教育」では、人生100年時代を見据えた「全体像」の把握が極めて重要**になると考えます。

　全体像を把握しやすくする工夫として、ビジネスで「ヒト、モノ、お金」といわれるように、個人のライフプランも「ヒト、モノ、お金」の３つの要素で捉えて説明する方法があります。**長い生涯を通じて「ヒト、モノ、お金」**それぞれについて、**進学や住宅取得といったような各ライフイベントが発生する時点で「金融資産」と「支出」のギャップが発生しますが、それは、私たち一人ひとり、誰にとっても避けられないことです。そこで、そういうギャップを解消することが金融商品・サービスの役割だというように全体像を捉えて、その中での個別の金融商品・サービスの位置関係を大まかに**

図表1－3　生涯において発生する金融資産と支出のギャップ（全体像）

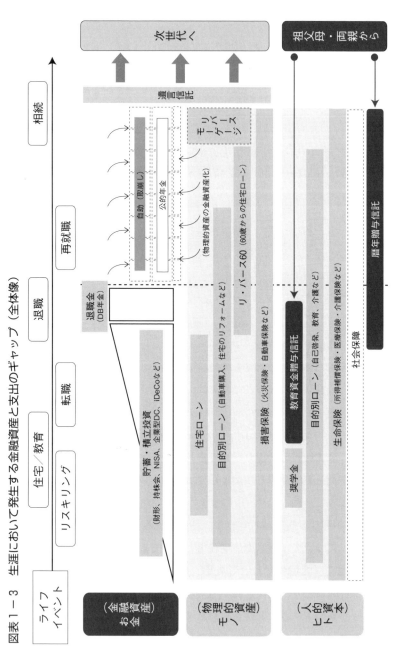

出所：三井住友トラスト・資産のミライ研究所

把握していくという流れのほうが理解しやすいと思われます（図表1－3）。

　例え話になりますが、「金融経済教育」全体が「茶筒（円柱）」であるとするならば、全体像（円柱）を説明したうえで、横から眺めれば「長方形」、上から眺めれば「円」であるというように説明するほうが理解しやすいということです。**全体像が「円柱」であるということを知らない状態で、あるときは「これは長方形である」と説明され、また、あるときは「これは円である」と説明されたら、「前に聞いた話とは違う」と混乱するのが当然のように思えます。これらの説明を組み合わせて全体像は「円柱」だと分かる人は少ないのではないでしょうか。**それは、説明される側の問題ではなく、むしろ、説明している側の金融機関やファイナンシャル・アドバイザーの方々の説明が分かりにくいのかもしれません。「金融のプロ」といっても、さまざまの金融商品・サービスをバランスよく理解して、分かりやすく説明できる人材ばかりとは限りません。もし、金融機関やファイナンシャル・アドバイザーの方々の説明が「木を見て森を見ず」になっているのではないかとお感じになった場合は、ためらわずに確認していただくほうがよいと思います。

⑶　ライフイベントの全体像から捉えるマネープラン──「ヒト（人的資本）」の観点

　「書籍を購入して学習する、無料のセミナーに参加するなど」のように少額ですむ場合もあれば、「大学へ通う、海外へ留学するなど」のように大きな費用が必要となるライフイベントもあります。必要となるタイミングで十分な金融資産がなければ、「奨学金」や「教育ローン」を利用することができます。**一時的に借入で費用を賄うことになりますが、自分自身に「投資」することで、将来、働き甲斐のある仕事に就いたり、働いて得られるお金が増えたりすることが期待できます。**また、自分自身に「投資」しても、「若くして死亡する、病気を患うなど」のように、予期せぬ出来事で、金融資産が大きく棄損してしまう可能性もありますが、そのような場合の金銭的な備えとしては、「生命保険」を活用することができます。

⑷　ライフイベントの全体像から捉えるマネープラン──「モノ（物理的資産）」の観点

　「モノ」の観点で生じうる「金融資産と支出のギャップ」の中で、典型的なものとしては、住宅購入時の「住宅ローン」と、その後のローン返済があげられます。「持ち家派」は、住宅ローン返済があるため、賃貸派よりも資産形成期の貯蓄や積立投資に充てられる資金が少なくなるかもしれませんが、持ち家を裏付け資産として、セカンドライフでキャッシュフローを創出する商品・サービスの活用（リバースモーゲージ）も考えられます。住宅・家財といった「モノ」が火災や自然災害で喪失した場合に発生する「金融資産と支出のギャップ」に対する備えとしては「損害保険」を活用することができます。

⑸　ライフイベントの全体像から捉えるマネープラン──「お金（金融資産）」の観点

　「お金」の観点として、金融資産の形成では「自身の収入からコツコツとお金を積み立てていくことが基本」であり、収入から自動的に貯蓄や投資に回る仕組みを活用するという方法があります。例えば、「NISA制度（つみたて投資枠）」「個人型確定拠出年金（iDeCo）」「企業型確定拠出年金（DC年金）」「財形貯蓄制度」「持株会」などです。**人生100年時代、長くなったセカンドライフにおいて公的年金だけでは不足が見込まれる「金融資産と支出のギャップ」に対しては、その不足分を賄うために「自助年金」としてどの程度が必要かを見積もり、資産形成期から計画的に積み立てていくことで対応する方法**が考えられます。この方法を理解することが「金融経済教育」の主題の１つであり、この「積立計画・取崩計画」がマネープランの"背骨"に当たるものです。その詳細は、第４章でご説明いたします。

　さらに、金融資産である「お金」、住宅などの「モノ」に関しては、自身が活用するのみならず、自身の子・孫世代へ承継することも可能であり、例

えば、「教育資金贈与信託」や「暦年贈与信託」といった「贈与機能をもったサービス」を活用できます。また、自身の子孫へ承継するだけではなく「世の中へ承継する＝寄付をする」という方法もあります。

⑹ 「令和」の時代に相応しい「金融経済教育」の要諦とは？

「ヒト」「モノ」に関するライフイベントも、金融商品・サービスを介して「お金」と密接に関係していますので、「ヒト、モノ、お金」の全体像を把握し長い生涯を見通して、「ヒト、モノ、お金」のそれぞれに関して発生するお金の過不足、特に「長期」「多額」の過不足を把握して、それぞれに相応しい金融商品・サービスをスマートに活用して、お金に関する不安を解消していくことがファイナンシャル・ウェルビーイングにとっては大切となります。

ファイナンシャル・ウェルビーイング向上に資する「金融経済教育」の要諦は、個別の金融商品・サービスの知識や（こうすれば儲かるという）ノウハウの伝授に終始することではなく、一人ひとりが自分自身の「人生の経営者」として、ビジネスと同様に「ヒト、モノ、お金」という3つの要素について、生涯を通じて発生する「金融資産と支出のギャップ」に対応していけるようになることで、「お金の不安」に振り回されることなく、自分自身のキャリア形成・人生の選択肢を拡大していけるという視点をもてるようになることにあると思えます。

> **コラム①** 私たちは何者か。「昭和」は勤労者、「平成」は消費者、「令和」は経営者!?
>
> 「個人、企業、投資家」という視点で「取り巻く環境の変化」を説明いたしました。「投資家」というと、資産運用をしていない方にとっては、自分には関係がない話とお感じになるかもしれませんが、**本来、私たち一人ひとりには、「勤労者」という側面、「消費者」という側面、**

「投資家」という側面と、それら全体をマネージする「経営者」という側面があります。

　「昭和」の時代は、「標準家庭」に代表されるようなライフスタイルで、よき「勤労者」であれば、右肩上がりの経済環境で定年まで勤めあげ、その後の面倒は国や会社（退職金、企業年金制度など）がみてくれるという側面が強かったように思います。しかしながら、そのような価値観・ライフスタイルが続かないことが徐々に認識されるようになりました。

　失われた30年といわれる「平成」の時代では、デフレ環境も相まって、コスパよく消費する、よき「消費者」であることが重視されるようになりました。

　では「令和」の時代はどうでしょうか。デフレ脱却は鮮明になり、私たち一人ひとりの生活実感からすれば、明確に「インフレ」を意識する時代に変化しています。現役層であれば「フロー所得」は、ある程度、「賃上げ」の恩恵を享受することもできますが、既に保有している「金融資産」の「実質価値」がインフレにより目減りしていくことに対して、実質価値を維持するための「投資」という視点が欠かせなくなっています（インフレの影響については「第4章第8節　図表4－25」を参照）。

　また、「投資」の中には、金融資産の「投資」だけでなく、自分自身のキャリアパスの選択肢を拡大するような「（自分自身への）投資」や、将来の「家賃支払い」というマイナスのキャッシュフローをなくすために「自宅」という「資産」に投資することも含まれます。このように「ヒト、モノ、お金」への投資をマネージする「投資家」の側面が極めて重要になっていると考えます。

　ビジネスの世界で「ヒト、モノ、お金」といわれるのと同様に、**「令和」の時代では、私たち一人ひとりが「自分自身の人生の経営者」として、「勤労者」「消費者」「投資家」の3つの側面をマネージしていくことが重要になっている**といえます。

（1） 重要性が高まる「学校・職域」における「金融経済教育」

2022年 4 月から成年年齢が18歳に引下げとなったことに伴い、高等学校家庭科の新学習指導要領において、金融教育の内容の拡充などが盛り込まれました。このため、金融教育に対する注目度が高まってきています。

2022年 6 月に閣議決定された「新しい資本主義のグランドデザイン及び実行計画」においても「資産所得倍増プラン」の取組みの一環として「高校生や一般の方に対し、金融リテラシー向上に資する授業やセミナーの実施等による情報発信を行う」と明記されています。では「ファイナンシャル・ウェルビーイング」をめぐる先進各国の動向はどうなっているのでしょうか。

（2） OECD（経済協力開発機構）におけるFinancial Well-beingと金融教育への取組み

2008年に米国の投資銀行であるリーマン・ブラザーズの経営破綻により発生した世界規模での金融危機以後、金融リテラシーは多くの国で個人の重要な生活技術として、より強く認識されるようになりました。このような関心の高まりの背景としては、消費者への広範な（金融）リスクの移転、金融の複雑化、金融取引に積極的な消費者ないし投資家の増加などがあり、効果的な消費者保護のためには、「規制だけでは限界がある」との認識が広がってきたと考えられます。加えて、金融危機により引き起こされたさまざまな事態は、金融リテラシーの低さが社会全体、金融市場および家計にもたらす、潜在的なコストと負の拡散効果を顕らかにしたともいえます。

OECDは、2008年に、金融教育についての情報共有・分析等のための組織

として「金融教育に関する国際ネットワーク（International Network on Financial Education、INFE）」を組成し、以後、半年に1回のペースで会議を開催しています。

OECD/INFEは、2012年4月、**個人のFinancial Well-beingを向上させるために必要な金融に関する知識、態度、行動の総体を「金融リテラシー」と定義**しました。そして、その教育指針である「金融教育のための国家戦略に関するハイレベル原則」を作成し、同6月、G20ロスカボス・サミットの承認を得ました。

(3) 英国におけるFinancial Wellbeingに向けた戦略と金融教育の位置付け

英国では、2020年1月、政府の外郭機関であるMoney and Pensions Service（以下、MaPS）が、英国民のファイナンシャル・ウェルビーイングを確保するための今後10年間の戦略をまとめた「The UK Strategy for Financial Wellbeing 2020-2030（ファイナンシャル・ウェルビーイング向上に向けた英国の国家戦略2020-2030）」を公表しました。

この戦略では、大きな戦略項目と対象となる国民を、

① **金融教育の基盤（Financial Foundations）**：子どもや若者、およびその保護者

② **貯蓄をする国民（Nation of Savers）**：搾取され、悪戦苦闘する勤労者

③ **借入の管理（Credit Counts）**：食費や光熱費のために借入をする人々

④ **よりよい債務アドバイス（Better Debt Advice）**：借入のアドバイスを必要とする人々

⑤ **将来を見据える（Future Focus）**：すべての大人

の5つにカテゴライズし、KPIとその実現により得られる成果を示しています（図表1−4）。

このうち、①**金融教育の基盤（Financial Foundations）**では、KPIとして「有意義な金融教育を受ける子どもや若者を現行対比200万人増やす」ことを

図表 1 − 4 「The UK Strategy for Financial Wellbeing 2020-2030」

①	Financial Foundations (金融教育の基盤)	Who	Children, young people and their parents （子どもや若者、およびその保護者を対象）
		Goal	2m more （200万人増）
		Outcome	Children and young people will get a meaningful financial education so that they become adults able to make the most of their money and pensions. （子どもや若者が有意義な金融教育を受け、貯蓄や年金を最大限に活用できる大人になるようにする）
②	Nation of Savers (貯蓄をする国民)	Who	Working-age 'struggling' and 'squeezed' people （搾取され、悪戦苦闘する勤労者を対象）
		Goal	2m more （200万人増）
		Outcome	People will get the savings habit, build cash reserves to help with short-term emergencies and have a clearer future focus in their financial lives. （貯蓄の習慣を身に付け、近いうちに生じうる万が一に備えてお金を準備し、将来のマネープランをはっきりと計画できるようにする）
③	Credit Counts (借入の管理)	Who	People who often use credit for food and bills （食費や光熱費のために借入を頻繁に利用する層を対象）
		Goal	2m fewer （200万人減）
		Outcome	More people will access affordable credit, and more people will make informed choices about borrowing. （より多くの人が無理のない借入を行い、借入を行うために必要な情報を持っているようにする）
④	Better Debt Advice (より良い債務ア	Who	People who need debt advice （借入のアドバイスを必要とする人々を対象）
		Goal	2m more （200万人増）

ドバイス）	Outcome	People will access and receive high quality debt advice when they need it, because of stronger and earlier engagement, and because funding, supply and services more closely match need.（お金を借りる必要がある際に借入についてのより質の高いアドバイスを受けられるようにすることで、よりきちんとした借入の契約をより早いタイミングで、かつニーズに合った内容で締結できるようにする）	
⑤ Future Focus（将来を見据える）	Who	All adults（すべての大人を対象）	
	Goal	5m more（500万人増）	
	Outcome	People will engage with their future and be empowered to make informed decisions for, and in, later life.（自分自身の将来について考えて、きちんとした情報をもとに決断していけるようにする）	

出所：Money and Pensions Service（MaPS）「The UK Strategy for Financial Wellbeing 2020-2030」をもとに三井住友トラスト・資産のミライ研究所作成

掲げ、成果として「子どもや若者が有意義な金融教育を受け、貯蓄や年金を最大限に活用できる大人になる」ことを掲げています。また、この目標を達成するためには「学校において、金融教育を教えるための知識・スキル・自信をもつ教師を増やす」ほか、「記憶に残る金融教育を提供できる学校を増やす」「家庭において、銀行口座などを利用した予算計画と支出を含めて、家庭でお金を管理する経験と責任を得る子どもを増やす」といった変化が必要であると指摘しています。

　この戦略の中で、「ファイナンシャル・ウェルビーイングが充足している国家は、個人にとっても、コミュニティにとっても、ビジネスにも、経済にもよい状況を与える」としたうえで、「ファイナンシャル・ウェルビーイングがよい状態にある人々は、お金についてあまりストレスを感じていない。

これは、彼らの健康、人間関係、仕事にプラスの効果をもたらす。ファイナンシャル・ウェルビーイングは地域社会にとってよい影響を及ぼす。経済的なストレスは、メンタルヘルス、人間関係の崩壊、身体的健康に対して悪影響を及ぼし、壊れた生活を回復させるためのコストを生じさせる」「雇用主も、ファイナンシャル・ウェルビーイングから恩恵を受ける。ファイナンシャル・ウェルビーイング状態にある人々は、仕事でより生産的な状態にある。ファイナンシャル・ウェルビーイングが十分享受されていなければ、雇用主も苦しむことになる」といった、ファイナンシャル・ウェルビーイングがもたらす効用を指摘しています。

⑷　従業員の資産形成支援が企業の社会的責任に

　米国ギャラップ社はウェルビーイングを5つの要素に分解したうちの1つを「ファイナンシャル・ウェルビーイング」としています（図表1-5）。このファイナンシャル・ウェルビーイング向上には金融教育の充実が欠かせません。

　2022年6月に「金融教育に関する国際ネットワーク（International Network on Financial Education、INFE）」が「職域における金融教育の実施手引」を公表しましたが、金融広報中央委員会が公表しているその要旨には「職域（Workplace）における金融教育の重要性は、ますます高まっている。それは、従業員の多くが、足もとや長期の予期せぬ収入減への対応力（financial resilience）と経済的な幸福度（financial well-being）に影響する問題に直

図表1-5　米国ギャラップ社によるウェルビーイングの構成要素

米国ギャラップ社では、キャリア・健康などの領域に加えて、ファイナンシャル・ウェルビーイングを定義

キャリア・ウェルビーイング	ソーシャル・ウェルビーイング	ファイナンシャル・ウェルビーイング	フィジカル・ウェルビーイング	コミュニティ・ウェルビーイング

上手にお金を管理する

出所：筆者作成

図表1－6　OECD/INFE「職域における金融教育の実施手引」の要旨

> ■2022年6月、OECD/INFE は、「職域における金融教育の実施手引」を公表
>
> 　職域（Workplace）における金融教育の重要性は、ますます高まっている。
>
> 　それは、従業員の多くが、足もとや長期の予期せぬ収入減への対応力（financial resilience）と経済的な幸福度（financial well-being）に影響する問題に直面しているからである。
>
> 　職域は、家計の意思決定者を含む成人人口の大部分に金融教育を届けることができるうってつけのチャネルでもある。
>
> | 職域における金融教育を開発・実施するための実践的アプローチの提案 |
>
> ➤職域における金融教育への戦略的・協調的アプローチを促進する
> ➤雇用者の関与を支援する
> ➤従業員の参加を促す
> ➤金融教育プログラムの設計と実施

出所：金融広報中央委員会「知るぽると」をもとに三井住友トラスト・資産のミライ研究所作成

面しているからである」とあります（図表1－6）。

　海外で「職域（Workplace）」の重要性が高まっているといわれても実感が湧きづらいかもしれません。しかしながら、日本でも、当初、欧米に周回遅れだった「コロナワクチン接種」で「学校・職域」が大きな役割を果たしました。そう考えますと、職域の重要性が高まっているという話には納得感があり、このような流れからも、**従業員の資産形成支援が企業の社会的責任になってきている**といえます。

　また、「金融審議会顧客本位タスクフォース第2回資料」から抜粋した図表1－7によれば、OECD/INFEは、金融リテラシーと金融経済教育を「幸福・厚生（Well-being）」に紐づけて定義しています。また、**知識面だけではなく応用面、そして「個人の金融行動」までいって、初めて「金融面の幸福（Financial well-being）」につながる**と整理しています。

⑸　我が国の「学校」における「金融経済教育」への取組み

　「学校」では、金融庁が2012年11月に有識者・関係省庁・関係団体をメン

図表1-7 金融リテラシーと金融経済教育に関する概念整理

□ OECD/INFEは、金融リテラシーと金融経済教育を幸福・厚生（Well-being）に紐づけて定義（注）。

(注) 金融広報中央委員会（2012）より抜粋：
金融リテラシー：金融に関する健全な意思決定を行い、究極的には金融面での個人の幸福を高めるために、金融に関する意識、知識、技術、態度および行動の総体。
金融経済教育：消費者ないし投資者が自らの厚生を高めるために、金融商品・概念およびリスクに関する理解を深め、情報、教育ないし客観的な助言を通じて（金融に関する）リスクと取引、収益機会を認識し、情報に基づく意思決定し、どこに支援を求めるべきかを知り、他の効果的な行動をとるための技術と自信を身につけるプロセス。

□ 学術研究では、金融リテラシーと金融経済教育のいずれも、共通の定義を持たない。
➤ Huston（2010）は、先行研究を精査した結果として、金融リテラシーを「能力（ability）」または「知識（knowledge）」と定義する研究や、「意図する結果（金融面の幸福など）を明記したうえで能力と知識の両方を含むもの」として定義する研究が混在していることを指摘。また、同論文図2では、金融リテラシー、「金融経済教育」、金融リテラシーと関連する要素（知識・教育・行動・幸福）の関係を整理して提示した（下図）。

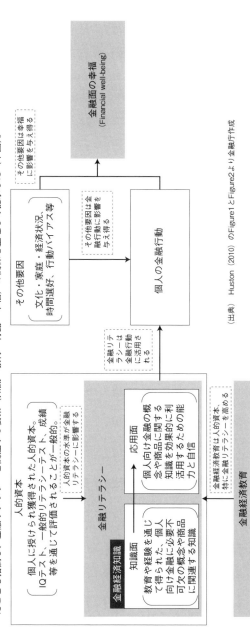

(出典) Huston (2010) のFigure1とFigure2より金融庁作成

出所：金融審議会顧客本位タスクフォース第2回資料（2022年10月24日）

バーとする「金融経済教育研究会」を設置して、今後の金融経済教育のあり方について検討を行い、金融経済教育研究会報告書（金融庁、2013年4月30日）を公表しました。この報告書の中で「生活スキルとして最低限身に付けるべき金融リテラシー」（4分野・15項目）が示されています（図表1－8）。

　小学校、中学校、高等学校と、順次、学習指導要領の改訂に反映されてきており、例えば、高等学校では2022年度から、家庭科の中で、金融商品・サービスの内容や特徴（メリット、デメリット）にも触れるようになりました。

　金融界にもこれに呼応する動きがあり、例えば、三井住友信託銀行では、このような変更を見据えて「生活スキルとして最低限身に付けるべき金融リテラシー」（4分野・15項目）を網羅し、それらの項目が重要であると考えられる背景やファイナンシャル・ウェルビーイングに関する話題なども含めて取りまとめた書籍として、三井住友トラスト・資産のミライ研究所編著「安心ミライへの「金融教育」ガイドブックQ&A」（金融財政事情研究会、2023年4月）を刊行しました。

　知識面だけではなく応用面、そして「個人の金融行動」までいって、初めて「金融面の幸福（Financial well-being）」につながると述べましたが、我が国においても、例えば、金融経済教育研究会報告書（金融庁、2013年4月30日）では、「金融リテラシー」という言葉を、前述のOECD/INFEによる定義（個人のFinancial Well-beingを向上させるために必要な金融に関する知識、態度、行動の総体）と同様の意味で用いるとされています。

　しかしながら、知識・判断力から行動力まで結びつくような「金融経済教育」への取組みという観点で、学校や職域での「金融経済教育」の実情を眺めてみますと、「……最近でも我が国では、金融リテラシーは、「金融に関する知識と判断力」といった理解や、金融リテラシーは、「複利・分散・インフレの理解」といった狭い理解に止まっていることが散見される」（伊藤宏一「日本における金融教育の国家戦略スタートへ」日本FP学会ニュースレターNo.8、2023．4．28）状況にあります。2024年に設立される「金融経済教育推

図表 1 － 8　最低限身に付けるべき金融リテラシーの 4 分野・15項目

4 分野15項目
1．家計管理
1)　適切な収支管理（赤字解消・黒字確保）の習慣化
2．生活設計
2)　ライフプランの明確化及びライフプランを踏まえた資金の確保の必要性の理解
3．金融知識及び金融経済事情の理解と適切な金融商品の利用選択
【金融取引の基本としての素養】
3)　契約にかかる基本的な姿勢の習慣化
4)　情報の入手先や契約の相手方である業者が信頼できる者であるかどうかの確認の習慣化
5)　インターネット取引は利便性が高い一方、対面取引の場合とは異なる注意点があることの理解
【金融分野共通】
6)　金融経済教育において基礎となる重要な事項（金利（単利、複利）、インフレ、デフレ、為替、リスク・リターン等）や金融経済情勢に応じた金融商品の利用選択についての理解
7)　取引の実質的なコスト（価格）について把握することの重要性の理解
【保険商品】
8)　自分にとって保険でカバーすべき事象（死亡・疾病・火災等）が何かの理解
9)　カバーすべき事象発現時の経済的保障の必要額の理解
【ローン・クレジット】
10)　住宅ローンを組む際の留意点の理解 　①無理のない借入限度額の設定、返済計画を立てることの重要性 　②返済を困難とする諸事情の発生への備えの重要性
11)　無計画・無謀なカードローン等やクレジットカードの利用を行わないことの習慣化
【資産形成商品】

12)	人によってリスク許容度は異なるが、仮により高いリターンを得ようとする場合には、より高いリスクを伴うことの理解
13)	資産形成における分散（運用資産の分散・投資時期の分散）の効果の理解
14)	資産形成における長期運用の効果の理解
4．外部の知見の適切な活用	
15)	金融商品を利用するにあたり、外部の知見を適切に活用する必要性の理解

出所：金融庁金融研究センター金融経済教育研究会「研究会報告書」をもとに三井住友トラスト・資産のミライ研究所作成

進機構」では、知識面だけではなく応用面、そして「個人の金融行動」までいって、初めて「金融面の幸福（Financial well-being)」につながるというような観点もふまえて、より洗練された「金融経済教育」の教材・コンテンツが整備・拡充されることが望まれます。

⑹ 「職域」での「ファイナンシャル・ウェルビーイング」向上のカギは「4つのプロセス」

　三井住友信託銀行で「DC投資教育」や「職域ビジネス」に取り組んできた私の実感としましても、この「個人の金融行動」につなげるというところが一筋縄ではいきません。

　従業員の福利厚生制度・資産形成をサポートするような会社制度を準備していても「ほとんどの従業員が存在すら意識していない」といった声も、よく耳にします。そういった声を受けて、制度内容を周知するための説明会や資料配布などに注力することもありますが、それでも「行動」には結びつかないということも多いのが実情です。

　従業員の「具体的な行動」を促すには「学ぶ—把握—相談—行動」という「4つのプロセス」が少なくとも必要だと考えています（図表1－9）。

　すなわち、1つ目の金融知識を得る**「学ぶ」**に加えて、2つ目の、自身の

図表1-9 ファイナンシャル・ウェルビーイング実現のための「4つのプロセス」

```
┌─────────────────────────────┐   ┌─────────────────────────────┐
│ ① 学ぶ                        │   │ ② 把握                        │
│ 資産形成に関する意識の醸成（気づきの場）│   │ シミュレーション等による家計全体の把握│
│ ・ライフプランセミナー（年代別、テーマ別）│  │ ・スマートフォンアプリ（スマート ライフ│
│ ・オンラインセミナー（動画コンテンツ）  │   │   デザイナー）                  │
│ 金融経済教育の知識習得            │   │ ・家計と金融リテラシーの診断ツール「資産│
│ ・「取引先企業」や「教育現場（先生）」向け│  │   のミライ健康診断」              │
│   の「安心ミライへの「金融教育」ガイドブッ│  │                             │
│   クQ&A」（2023年4月）           │   │                             │
└─────────────────────────────┘   └─────────────────────────────┘

┌─────────────────────────────┐   ┌─────────────────────────────┐
│ ④ 行動                        │   │ ③ 相談                        │
│ 資産形成の実践　等              │   │ 資産形成に関する悩みや疑問等を相談   │
│ ・会社制度の活用（積立貯蓄、職場積立  │   │ ・ライフプラン相談窓口（オンライン）  │
│   NISA、持株会、DC等）           │   │                             │
│ ・不動産売買、住宅ローン利用、保険活用、│   │                             │
│   相続対策　等                 │   │                             │
└─────────────────────────────┘   └─────────────────────────────┘
```

出所：三井住友トラスト・資産のミライ研究所

状況を「見える化」する、つまり**「把握」**する仕組みが必要です。3つ目としては、いざ具体的に検討してみようとしますと、「お金」の問題は個別性が強いので、疑問に答えてアドバイスしてくれる**「相談」**の仕組みも必要となります。そのうえで、4つ目として、利用しやすい手続き・インフラを備えた「会社制度の仕組み」で**「行動」**に結びつける、というステップが必要だと考えています。

(7) 年収だけではない、会社選びの重要ポイントとは？

資産形成に資する会社制度としては、退職金制度、企業年金制度（DB年金、DC年金）、財形制度、融資制度（住宅、教育など）、持株会、iDeCo、職場積立NISA、団体保険、健保制度など多種多様なものがあり、そう考えますと、「行動」に結びつきやすい「職域」という“場”における「金融経済教育」推進が資産形成のサポートとして如何に重要であるかが分かります。

私たち一人ひとりの立場からしますと、**従業員の「ファイナンシャル・ウェルビーイング」**向上にどのようなかたちで取り組んでいるのか、もっと

具体的にいいますと、年収や退職金水準などに加えて、公的年金などの社会保障制度もふまえたうえで、それらを補完するかたちで従業員の資産形成をサポートするような（その会社ならではの）会社制度があるか、それらをスマートに活用できるように、従業員の「金融経済教育」や「金融リテラシー向上」に取り組んでいるか、あるいは、従業員の意思決定をサポートできるように（専門家による）「相談窓口」を設置しているか、というようなことが会社選びの重要な要素となる時代になっていると思えます。

第5節 「ファイナンシャル・ウェルビーイング」向上がもたらすさまざまな恩恵

(1) 「金融リテラシー度」と「自律型人材」の不思議な関係

三井住友トラスト・資産のミライ研究所では「金融リテラシー度」を診断する「資産のミライ健康診断」というツールを作成しています。「家計把握力、金融知識、行動力」の3つの切り口で診断するツールで、質問の中には、図表1−10の左下のQ20のとおり、「何のために働いているか」というものも含まれています。判定結果には影響しない質問項目ですが、内閣府の「国民生活に関する世論調査」の質問と同じ内容としています。

図表1−11として、「内閣府の調査結果」をグラフ化して掲載しますと、この20年くらいで「お金を得るために働く」という回答が増加、特にこの10年ぐらいが顕著で、「働き甲斐」という点では悪化している状況のようにも思えます。

足元の10年といいますと、「老後資金2,000万円」問題がクローズアップされたこともあり、50〜60代にとっては「セカンドライフの資金準備」の必要性が強く意識されています。また、若い20代では、返済義務のある「奨学金」をもったまま社会人になるケースが年々増加している状況にあります。いずれのケースも「お金」に関わる問題であり、「お金のために働く」という人を増加させるように作用している面があるように思えます。

図表1−12は、「資産のミライ健康診断」のスコアと「働き方」の関係について、三井住友トラスト・資産のミライ研究所が実施したアンケート調査から作成したものです。「金融リテラシー度」が良好なほど「お金のために働く」という回答が減少していることが分かります。このグラフだけでは、金銭的に余裕がある人ほど、金融機関との接触も多く「金融リテラシー度」

図表1−10　「資産のミライ健康診断」(家計把握力、金融知識、行動力を診断)の概要

金融リテラシー("資産形成力")をスコア化し、診断結果に応じた自主学習コンテンツをレコメンド

■ 設問は「家計に関する設問」と「金融リテラシーに関する設問」(①家計の現在把握や将来への備え(家計把握力)、②金融関連の知識(金融知識)、③資産形成・活用に関する意識(行動力)

診断結果画面

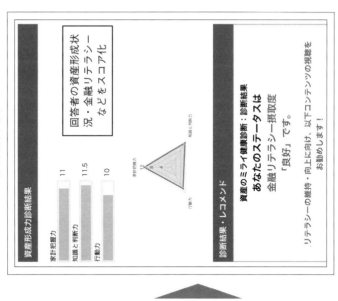

Q1	自分自身の(もしくはあなたの家計の)ライフプランを立てていますか。
Q1−2	計画しているライフプランに応じた資金準備(もしくは資金準備の算段)をできていると感じますか。
Q2	あなたの家族において、世代間でお金についての会話がありますか。(例:子供とはお金に関すること、親とは資産管理・承継に関すること、など)
Q3	世帯の1ヶ月の収入額と支出額をしっかり把握していると思いますか。
Q4〜14	一問一答リテラシークイズ
Q15	金融商品を選択する際に何らかの情報を活用しますか。※金融商品とは、預金、有価証券、保険など
Q15−2	情報を活用する場合は、どのようにして情報を得ますか。(複数回答可)
Q16	次の各種制度をご存じですか。(複数回答可)※財形・DC・NISAなど
Q16−2	(知っているものについて)その制度を利用していますか。
Q17	同年代と比較して、ご自身の金融リテラシーは高いと思いますか。
Q18	世帯主の事故や死亡など、一時的に収入が減少する場合に備えて、生活資金を準備できていると感じますか。
Q19	自己実現(幸せ)に向けて働いているか、あなたに当てはまるものをお選びください。
Q20	何のために働いているか、あなたに一番当てはまると感じるものをお選びください。

出所:三井住友トラスト・資産のミライ研究所

図表1−11 「国民生活に関する世論調査」（内閣府）──働く目的は何か

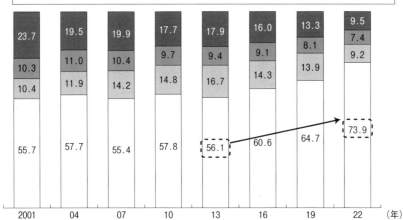

注：「わからない、無回答、その他」・「70歳以上の回答者」は除外して割合を算出。
出所：内閣府「国民生活に関する世論調査」（2001年9月〜2022年10月）をもとに三井住
　　　友トラスト・資産のミライ研究所作成

図表1−12 「金融リテラシー度」と「働き方」の関係

あなたは何のために働いていますか

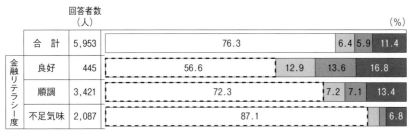

注1：5.0％未満はグラフ内の比率表示を省略。
　2：「いずれにも当てはまらない、わからない」は除く。
　3：ウエイトバック集計（サンプルを実際の市場構成にあわせるように「住宅ローン有
　　　無×性別×年代」で重み付けをして集計）にて作成。
出所：三井住友トラスト・資産のミライ研究所のアンケート調査（2023）

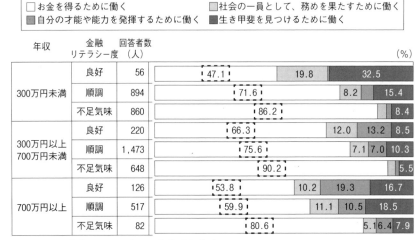

図表1−13　年収区分別・「金融リテラシー度」と「働き方」の関係

あなたは何のために働いていますか

□お金を得るために働く　　　■社会の一員として、務めを果たすために働く
■自分の才能や能力を発揮するために働く　■生き甲斐を見つけるために働く

年収	金融リテラシー度	回答者数（人）	お金を得るために働く	自分の才能や能力を発揮するために働く	社会の一員として、務めを果たすために働く	生き甲斐を見つけるために働く
300万円未満	良好	56	47.1		19.8	32.5
	順調	894	71.6		8.2	15.4
	不足気味	860	86.2			8.4
300万円以上700万円未満	良好	220	66.3		12.0	13.2	8.5
	順調	1,473	75.6		7.1	7.0	10.3
	不足気味	648	90.2				5.5
700万円以上	良好	126	53.8		10.2	19.3	16.7
	順調	517	59.9		11.1	10.5	18.5
	不足気味	82	80.6		5.1	6.4	7.9

(%)

注1：5.0％未満はグラフ内の比率表示を省略。
　2：「いずれにも当てはまらない、わからない」は除く。
　3：ウエイトバック集計（サンプルを実際の市場構成にあわせるように「住宅ローン有無×性別×年代」で重み付けをして集計）にて作成。
出所：三井住友トラスト・資産のミライ研究所のアンケート調査（2023）

が高くなりがちで、また、余裕がある人は、そもそも「お金を得るために働く」という回答が減るという解釈もできます。

　そこで、年収区分別の分析を行ったものが、図表1−13です。このグラフから、年収区分によらず、同様の傾向があることが分かります。これらに正の相関関係があるということならば、「働き甲斐」を感じてほしい企業からすれば、同じ年収水準でも従業員の「金融リテラシー度」を向上することができれば「働き甲斐」を感じる従業員の割合の増加が見込めることになります。

　この「働き方」に関する分析結果は、「ヒト、モノ、お金」の要素で考えてみた場合には「ヒト」に関わるものですが、「モノ」に関わる項目として、図表1−14は、「金融リテラシー度」と「住まいの選択」の関係をクロ

図表1−14 「金融リテラシー度」と「住まいの選択」の関係

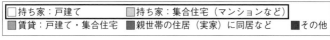

凡例
□ 持ち家：戸建て ■ 持ち家：集合住宅（マンションなど） ■ 賃貸：戸建て・集合住宅 ■ 親世帯の住居（実家）に同居など ■ その他

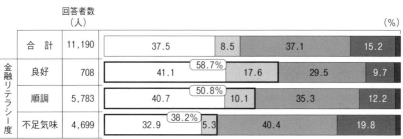

		回答者数（人）	持ち家：戸建て	持ち家：集合住宅	賃貸：戸建て・集合住宅	親世帯の住居に同居など	その他
	合計	11,190	37.5	8.5	37.1		15.2
金融リテラシー度	良好	708	41.1 (58.7%)	17.6	29.5		9.7
	順調	5,783	40.7 (50.8%)	10.1	35.3		12.2
	不足気味	4,699	32.9 (38.2%)	5.3	40.4		19.8

注：5％未満はグラフ内の比率表示を省略。
出所：三井住友トラスト・資産のミライ研究所のアンケート調査（2023）

図表1−15 「金融リテラシー度」と「年収に占める住宅ローン返済割合」の関係

凡例
□ 世帯年収の1割くらい ■ 世帯年収の2割くらい ■ 世帯年収の3割くらい ■ 世帯年収の4割くらい ■ 世帯年収の5割以上 ▦ わからない

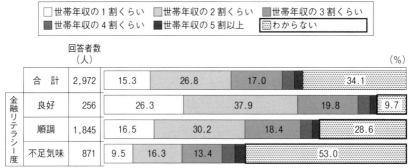

		回答者数（人）	1割くらい	2割くらい	3割くらい	4割くらい	5割以上	わからない
	合計	2,972	15.3	26.8	17.0			34.1
金融リテラシー度	良好	256	26.3	37.9	19.8			9.7
	順調	1,845	16.5	30.2	18.4			28.6
	不足気味	871	9.5	16.3	13.4			53.0

注1：回答者：住宅ローン利用経験者。
　2：5％未満はグラフ内の比率表示を省略。
出所：三井住友トラスト・資産のミライ研究所のアンケート調査（2023）

ス分析したものです。このグラフからは、「金融リテラシー度」が高いほど「住まいの選択」は「持ち家」の割合が高くなっていることが分かります。

　また、住宅ローン経験者について、「金融リテラシー度」と「年収に占める住宅ローン返済割合」の関係をクロス分析したものが図表1−15です。このグラフからは、「金融リテラシー度」が高いほど、自身が組んだ住宅ロー

ンの返済内容を正確に認識している傾向があることが分かります。

　「お金」に関わる項目として、図表1−16は「金融リテラシー度」と「年間資産形成額」の関係をクロス分析したものです。このグラフからは、年収区分に関係なく「金融リテラシー度」が高いほど、年間の資産形成額が多い傾向にあることが分かります。

　これらの調査結果から、「金融リテラシー度」が高い人は、「モノ」（住まい）、「お金」（資産形成）のそれぞれに対して、ただ賃貸に住み続けるというよりも、あるいは、日常生活の遣り繰りだけに追われるというよりも、「住まい」にしても「資産形成」にしても、自らが状況を把握して「自律的に意思決定して実行している」という傾向があるように思えます。といいましても「持ち家」が「金融リテラシー度」が高く「賃貸」が低いということではなく、大切であるのは「自らが状況を把握して自律的に意思決定して実行している」という点であり、「持ち家」であっても、営業マンのセールストー

図表1−16　「金融リテラシー度」と「年間資産形成額」の関係

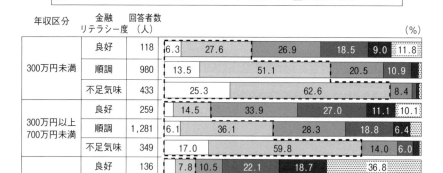

注1：「無回答」、選択肢「わからない・答えたくない」を除く。
　　2：5％未満はグラフ内の比率表示を省略。
出所：三井住友トラスト・資産のミライ研究所のアンケート調査（2023）

クに乗せられて購入してしまったということならば、それは「自律的に意思決定している」という状態からは遠いように思えます。

以上のように考えますと、「ヒト」（働き方）の要素についても、「金融リテラシー度」が高い人ほど主体的に意思決定して仕事をしている傾向が強いこととなり、「お金を得るために働く」よりも「働き甲斐」につながる回答（社会の一員として務めを果たすために働く、自分の才能や能力を発揮するために働く、生き甲斐を見つけるために働く）が多くなる傾向にあることにも納得感があるように思えます。

(2) 経営者マインドを醸成する「金融経済教育」

「金融経済教育」と「自律型人材」の関係を別の視点で考察してみますと、本来、一人ひとりには、「勤労者」という側面、「消費者」という側面、「投資家」という側面と、それら全体をマネージする「経営者」という側面があるように思えます。もう少し具体的にいいますと、一人ひとりのマネープランには、**「勤労」**収入や金融資産をベースに、日常生活としての**「消費」**を賄い、さらに、住宅ローンを活用した住宅取得というような（モノへの）**「投資」**、奨学金や教育ローンを活用した"学び"というような（ヒトへの）**「投資」**、「個人型確定拠出年金（iDeCo）」や「NISA制度（つみたて投資枠）」を活用したセカンドライフへの"備え"というような（お金の）**「投資」**という側面があるということです（図表1－3）。

「金融経済教育」には、一人ひとりの「勤労者」「消費者」「投資家」という3つの側面全体をマネージしていく「人生の経営者」としての自分という意識（経営者マインド）を醸成する効果もあるといえます（コラム①を参照）。

また、職域における「金融経済教育」の推進は、「人的資本経営」で企業に求められる「自律型人材」の育成とも通底しているように思えます。

「勉強か遊びか」でもなければ、「ワークかライフか」でもない

昭和の時代の「働き方」への反省・反動として、「ワーク ライフ バランス」という考え方が浸透し、「長時間労働者割合」「年次有給休暇取得率」などの指標は、年々、改善してきています。その一方で、「何のために働くか」という意識はといえば「お金を得るために働く」と回答する人の割合が、年々、増加してきており、「働き甲斐」という点では、むしろ悪化しています（図表Ⅰ−11）。

「ワーク ライフ バランス」という言葉の中に、ワークが「勤労者」とすると、ライフは「消費者」で、それらのバランスをとるというニュアンスがあるように思えます。ワークに不満がある場合に、自分自身へのご褒美としての「消費」で不満を和らげることはできるでしょうし、その「消費」を支えるためには、お金を得るための「ワーク」も必要ということでしょう。

しかしながら、**本来、ワークには「お金を得るため」以外に、「生き甲斐のため、自分の才能や能力を発揮するため、社会の一員としての務めを果たすため」といった「ウェルビーイング」実現のための重要な要素も含まれているはず**です。ライフは人生そのものですから「ワーク イン ライフ」という言葉のほうが私自身はシックリきます。

大リーグで活躍する大谷選手は「試合でニューヨークなどを訪れてもホテルの外で食事することもない」と報道されたりしますが、**大谷選手ならではの「ワーク イン ライフ」という意識でベースボールを楽しみ「ウェルビーイング」を実現**しているように思えます。

このような考え方は、最近の話ではなく、藤原銀次郎氏（王子製紙初代社長）が残した「仕事の報酬は仕事である」という言葉があります。この部分だけ取り上げて「うちの会社は仕事の報酬は仕事です」という

と「厳しい会社ですね」という話になりがちですが、この言葉について、土光敏夫著「新訂・経営の行動指針」（産業能率大学出版部、1996年3月）では「……賃金と仕事のかかわりあいについては、いろいろな立場からさまざまな議論があろう。けれどもそれらを越えていえることは、**人間の喜びは金だけからは買えないという一事である。賃金は不満を減らすことはできる。しかし満足を増やすことはできない、満足を増やすことができるのは、仕事そのものだといわねばならない。**……」と述べられています。

「ワーク ライフ バランス」がそれぞれのバランスをとるもののように感じてしまう背景には、小さい頃の「勉強」の捉え方も影響しているのかもしれません。（勉強を頑張れば）「ゲームを○○時間してもよい」「○○へ連れて行ってあげる」といわれて育った人も多いのではないでしょうか。

しかしながら、本来は「勉強と遊び」も対立する概念ではなく「勉強の中に遊びがあるし、遊びの中に勉強がある」はずで、そのような勉強であるからこそ、自分自身の「血となり肉となる」のだと思います。

「仕事」と「学び」の関係についても、昨今の「リスキリング（学び直し）」ブームに躍らされるのではなく、**私たち一人ひとりは、「仕事の中に学びがあり、学びの中に仕事がある」という意識で取り組んだほうが、自分自身の人生にとって実り多いものになる**と考えています。

(3) 「人的資本経営」の実践としての「ファイナンシャル・ウェルビーイング」向上策

変化が激しい時代の中で、会社の「パーパス（存在意義）」を定め、そのパーパスを実現するための経営戦略と結びつくような「付加価値」を生み出す人材の育成に、経営としてどう取り組んでいるか、すなわち「人的資本経営」に関する注目度がアップしてきています。

昭和の時代は「経済的な豊かさ」というシンプルな目標に向かって社会・会社・社員が連動することで、右肩上がりの経済成長を実現できましたが、価値観の多様化が進み、社会や産業構造の変化・コロナ禍を経て、人々の生活様式までもが大きく変化する「転換点」にあるように思えます。こうした時代では、図表1－17のとおり、「社会・会社・社員」の重なりの部分が小さくなるような「遠心力」が働きがちです。

例えば、三井住友トラスト・グループでは、そのような構造変化もふまえて、「社会・会社・社員」をつなぐ共通価値としてパーパスを明確化しています。「信託の力で、新たな価値を創造し、お客さまや社会の豊かな未来を花開かせる」というものです。

パーパスは各社各様であったとしても、**パーパス実現には、社員の「内発的動機付け」が非常に重要であり、そのポイントは「ウェルビーイング」と「従業員エンゲージメント」の向上にあります。**

図表1－17　取り巻く環境の変化と「パーパスの明確化」（三井住友トラスト・グループ）

社会課題や個人の価値観が変化する中、改めて「パーパス（存在価値）」を明確化する必要性

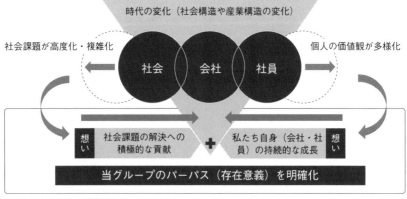

出所：三井住友信託銀行

⑷ 「ウェルビーイング」向上のカギは、所得水準ではなく「所得に対する主観的感情」

　「ウェルビーイング」には「心身の健康（Physical Well-being）」だけではなく、さまざまな面で満たされた状態であることが重要だといわれています。例えば、米国ギャラップ社は「（心身の）健康」「キャリア」「コミュニティ」「ソーシャル」と並んで「ファイナンシャル」を構成要素として定義しています。経済的基盤があることがウェルビーイングにつながり、また逆に、経済的な不安を感じている人は他のウェルビーイングに悪い影響を及ぼすことが報告されています。同社が調査・分析を行った「2023年日本版Well-being Initiative―第2四半期」報告では、我が国においても、**ウェルビーイング実感を表す「生活評価指数」の最大影響要因は「お金に関すること」で、し**

図表1−18　生活評価指標（ウェルビーイング実感）の影響度ランキング

現在の生活に対する影響要因	5年後の生活に対する影響要因
1．所得に対する主観的感情	1．所得に対する主観的感情
2．人生における選択の自由	2．人生における選択の自由
3．最低生活費の有無	3．年齢
4．世帯規模	4．困った時に頼れる人の有無
5．困った時に頼れる人の有無	5．地域性（都市部・地方部）
6．健康上の問題	6．世帯規模
7．最終学歴	7．最終学歴
8．婚姻状態	8．健康上の問題
9．地域性（都市部・地方部）	9．最低生活費の有無
10．性別	10．雇用状態
11．雇用状態＊	11．性別＊
12．客観的な所得＊	12．婚姻状態＊
13．年齢＊	13．客観的な所得＊

注1：＊の指標は、P値0.05以下であり、統計的に主観的ウェルビーイングの影響要因としての重要性が低い。
　　2：本ランキングは2023年ギャラップ社が日経のためにDatawrapperで作成。
出所：「2023年日本版Well-being Initiative―第2四半期」報告

図表1−19 「所得に対する主観的感情」の影響

主観的な所得レベル別「バランスよく生活している」と感じる頻度

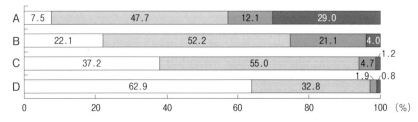

主観的な所得レベル別「生活に満足している」と感じる頻度

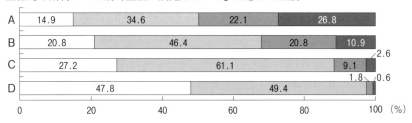

主観的な所得レベル別「人生における困難な状況に対応できる」と感じる頻度

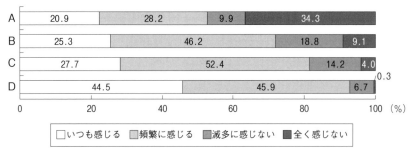

注：A：現在の所得では生活が非常に苦しい
　　B：現在の所得では生活が苦しい
　　C：現在の所得でなんとか生活できている
　　D：現在の所得で快適に生活できている
出所：「2023年日本版Well-being Initiative―第3四半期」報告（一部改変）

かも**「客観的な所得」**ではなく**「所得に対する主観的感情」**であるという分析結果が示されています（図表1−18）。

　さらに、「2023年日本版Well-being Initiative―第3四半期」報告では、こ

図表1-20　分野別満足度と将来不安度との相関係数

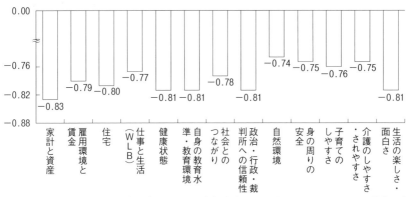

出所：内閣府「満足度・生活の質に関する調査報告書2023～我が国のWell-beingの動向～」
（2023年7月）

の「所得に対する主観的感情」が「生活におけるバランス」「生活に対する
満足度」「困難な状況への対応」に対しても正の相関があることが示され、
「客観的な所得」の水準だけではなく、同じ所得水準であっても「主観的な
所得」を高められるような政策の重要性が示唆されています（図表1-19）。

　また、「満足度・生活の質に関する調査報告書2023～我が国のWell-being
の動向～」（内閣府）によれば、分野別の満足度と将来不安度の相関関係の
分析で「家計と資産の分野における満足度」が「将来不安度」と最も負の相
関係数が大きいと報告されています（図表1-20）。

⑸　「お金に関する不安」のトップは、全世代ともに「老後資金」

　「お金に関する不安」にはさまざまなものがあると思われますが、三井住
友トラスト・資産のミライ研究所のアンケート調査によれば、全世代におい
て「老後資金」がトップとなっています（図表1-21）。

　これらを考え合わせますと、我が国における「生活評価指数（ウェルビー
イング実感）」の向上には、「老後資金」の不安解消につながる「お金の健康
（ファイナンシャル・ウェルビーイング）」が極めて重要な要素であるというこ

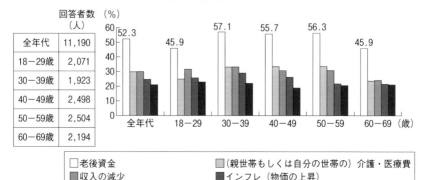

図表1−21 「お金に関する不安」の要因調査

	回答者数 （人）
全年代	11,190
18−29歳	2,071
30−39歳	1,923
40−49歳	2,498
50−59歳	2,504
60−69歳	2,194

□老後資金　　　　　　　■（親世帯もしくは自分の世帯の）介護・医療費
■収入の減少　　　　　　■インフレ（物価の上昇）
■困ってはいないが漠然と不安だ

出所：三井住友トラスト・資産のミライ研究所のアンケート調査（2023）

とになります。「ウェルビーイング」向上の重要な分野が「ファイナンシャル・ウェルビーイング」であるとすれば、企業が従業員に対して実施する「ファイナンシャル・ウェルビーイング向上への取組み」は、まさに「人的資本経営」の実践そのものであるといえます（図表1−22）。

「老後資産形成」に資する会社制度としては、退職金制度、企業年金制度（DB年金、DC年金）、財形制度、融資制度（住宅、教育など）、持株会、個人型確定拠出年金（iDeCo）、職場積立NISA、団体保険、健保制度など多種多様なものがあります。

そう考えますと、従業員に対する「ファイナンシャル・ウェルビーイング向上への取組み」として実践する「金融経済教育」では、公的年金などの社会保障制度の仕組みをふまえたうえで、「会社制度」の周知と活用を促し、そのうえで不足する部分を各種金融商品・サービスで補完するという全体像を示すことが"肝"になるように思えます。

従業員が、このような文脈で各種の「会社制度」を捉えるようになれば、**従業員自身の「ウェルビーイング」向上に資する仕組みを、公的年金などの社会保障制度を補完するかたちで「会社制度」として準備してくれていると**

図表1−22 「人的資本経営」と従業員の「ファイナンシャル・ウェルビーイング」
　　　　　向上の関係

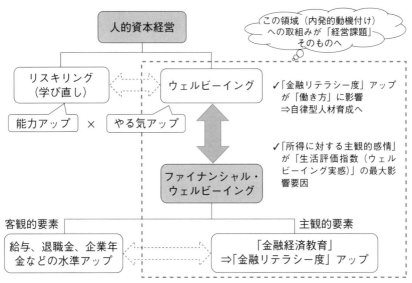

出所：筆者作成

いう理解につながり、「従業員エンゲージメント」向上にも資するはずです。

⑹ 「金融経済教育」を浸透させるには、どんな「仕組み」が考えられるのか

　従業員に対する「金融経済教育」の重要性について述べてきましたが、欧米に対して取組みが遅れている「ファイナンシャル・ウェルビーイング」向上の取組みを、我が国においてはどのように進めていけばよいのでしょうか。

　ここで参考にすべきは、欧米よりもリードしているといわれる「健康経営」への取組みではないかと思えます。ウェルビーイングの5つの要素の中には、「身体的・精神的満足度」がありますが、この心身の健康をサポートする仕組みとして、我が国においては、労働安全衛生法に基づく「健康診

図表1-23 従業員の「ファイナンシャル・ウェルビーイング」向上策──フレームワーク構築のアイデア

■ 職域で定着している先例・取組みに学ぶ

- 健康分野による取組みに学び、企業でフレームワーク（以下2点）を構築し、定期的・持続的な取組みを推進

| 人的資本経営の重要な指標の1つとしてのWell-being |

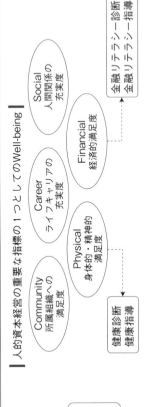

Community 所属組織への満足度 / Physical 身体的・精神的満足度 / Career ライフキャリアの充実度 / Social 人間関係の充実度 / Financial 経済的満足度

健康診断 健康指導

金融リテラシー診断 金融リテラシー指導

[お金の健康]の維持・増進のためのフレームワーク
① 金融リテラシー診断
② 金融リテラシー指導

■ 国民の「お金の健康」の維持・増進に向けた仕組み

- 国民の「健康」維持・増進には「職域」での健康診断・健康指導が寄与。「お金の健康」の維持・増進もその仕組みを活用

【勤労者の健康維持・増進】

（労働安全衛生法）健康診断の実施
- 事業主：健康診断実施を義務化
- 勤労者：健康診断の受診義務あり

＋

（労働安全衛生法）産業医の設置
- 産業保健の理念や知識をもち、勤労者の健康維持と増進を目指した活動を遂行

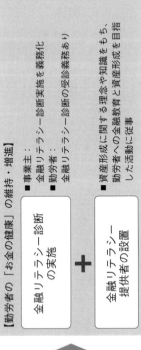

【勤労者の「お金の健康」の維持・増進】

金融リテラシー診断の実施
- 事業主：金融リテラシー診断実施を義務化
- 勤労者：金融リテラシー診断の受診義務あり

＋

金融リテラシー提供者の設置
- 資産形成に関する理念や知識をもち、勤労者への金融教育と資産形成を目指した活動に従事

出所：三井住友トラスト・資産のミライ研究所

断」や「産業医の設置」が定められています。

　「ファイナンシャル・ウェルビーイング」を「お金の健康」と捉えますと、定期的な「お金の健康診断」の仕組みや、診断結果や本人の「お金に関する悩み」の相談に応えられるような「お金の相談窓口」を設置するようなフレームワークをイメージすればよいのではないでしょうか（図表1－23）。

　例えば、健康維持を考えますと、刺激があって病みつきになる「ジャンクフード」よりも、バランスのとれた「食事」のほうがよいでしょうし、バランスのとれた「食事」も、年齢とともに「カロリーの高い洋食」から「自然食中心の和食」に変更していったほうがよいかもしれません。

　同様に、お金の健康維持のためには、刺激があって病みつきになる「投機」よりも、バランスのとれた「投資」のほうが多くの人にとって望ましいかもしれないですし、その「投資」も、年齢とともに「リスク資産のウエイト」を低下させていったほうがよいかもしれません。「投機と投資」の違い、年齢とととともにリスク資産のウエイトを調整していく考え方などにつきましては、第3章～第5章で、詳しく説明いたします。

　このように考えますと、「心身の健康」と「お金の健康」には類似性があり、どちらも私たち一人ひとりを支える"土台"になるものであり、これらが揃ったうえで、自分らしい「キャリア・ウェルビーイング」を選択していけることが「ウェルビーイング」にとって極めて重要である、というように「ファイナンシャル・ウェルビーイング（お金の健康）」「フィジカル・ウェルビーイング（心身の健康）」「キャリア・ウェルビーイング」の3つの要素を整理できるように思えます。

第 2 章

「ファイナンシャル・ライフ・エンジニアリング」全体像

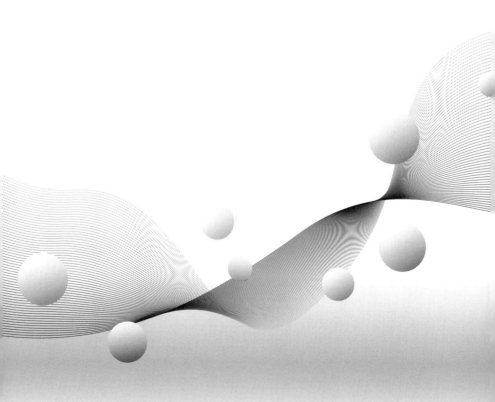

〈イントロダクション〉

　金融庁により「最低限身に付けるべき金融リテラシー」（4分野・15項目）が定められていると述べました。これらが定められてから、10年以上が経過しましたが、いまだに、金融リテラシーや資産形成といいますと、投資教育のことをイメージし、さらに、「投資」の中でもかなり狭い範囲の内容が、あたかも「金融リテラシーや資産形成」全体に対して「影響力の大きい要素」であるかのように捉えられていることが多いのが実情です。

　第2章では、私たち一人ひとりにとって、「資産形成」といった場合の「資産」として、どういう範囲のものを思い浮かべればいいのか、また、その全体像の中で、「貯蓄・投資」「生命保険・損害保険」「住まい」「各種ローン」「相続・贈与」などをどのように捉えればよいのか、ということについて説明いたします。

　このように全体像を捉え、その中にある「投資」というものの位置付けを確認したうえで、第3章以降の「投資」に関わる説明にお進みいただくことで、日々、耳にしていた「金融リテラシー」や「資産形成」に関わる知識や情報が「狭い範囲のことを、如何に表面的にキャッチフレーズのように繰り返していただけであったのか」ということを確認いただければ幸いです。

　私たち一人ひとりがこのような感覚をもちながら、金融機関やファイナンシャル・アドバイザーの方々に相談するようになれば、相談内容が“枝葉”の部分なのか“幹”なのかを把握したうえで、本質的で大切なことをアドバイスしてくれる相手であるかどうか、ということを見極めていくことにも大いに役立つはずです。

　「資産形成」という場合の「資産」として、どのようなものが連想されるでしょうか。預貯金、不動産、貴金属品などさまざまなものがイメージされますが、**人が生きるうえで必要な資産は物的資産だけではありません。**知識や技能などの無形資産を含めて、**資産を「ヒト、モノ、お金」の3つに大別する方法**があります。

　1つ目がヒト＝人的資本です。新たな知識を身に付けたり、学校へ通って新たな仲間と出会ったり、能力の開発に努めたりすることは人的資本を形成しているといえます。

　2つ目がモノ＝物理的資産です。車や自宅といったかたちのあるもの（有形資産）を所有することはもちろんのこと、近年であれば、情報やデータといったかたちのないものもありますが、これらを所有することがすなわち、物理的資産を形成することです。

　3つ目がお金＝金融資産です。「資産形成」という場合の資産として、真っ先にこの金融資産をイメージすることが多いのではないかと思われます。

　ライフイベントの実現に向けて、この「ヒト（人的資本）・モノ（物理的資産）・お金（金融資産）」をどのように形成していくのかの全体像をイメージすることが重要です（図表1-3）。

　私たち一人ひとりが自分自身の「人生の経営者」として、ビジネスと同様に「ヒト、モノ、お金」という3つの要素を準備・マネージし、生涯を通じて発生する「金融資産と支出のギャップ」に対応していけるようになれば、**「お金の不安」に振り回されることなく、**自分自身のキャリアを形成し、人生の選択肢を拡大していけるはずです。

　大学では原子力工学を専攻して修士号まで取得しましたが、結局、大学に入る前から好きだった「数学と勝負事」を優先して、1989年に（当時の）住友信託銀行に入社しました。信託銀行で数学を使う仕事の筆頭が企業年金のアクチュアリー業務でしたが、採用面談のときにどんな話をしていても、今でいう「配属ガチャ」は、そういう言葉もないぐらい当たり前の時代でした。内定時に「配属先がどうなるかは分からないが、内定期間中にアクチュアリー試験を受験して1科目でも合格したら、これまでは例外なく年金数理部署に配属されている」という話を耳にしました。私にとっての「数学と勝負事」は、信託銀行の業務では「年金数理と資産運用」でしたが、アクチュアリー試験は数学科目の比重が高く30歳を越えればどんどん合格が厳しくなるとも聞いていました。そこで、最初は「年金数理」だなと思い、修士論文の実験の合間を縫って数学科目に的を絞って受験したところ、何とか内定時に1科目、合格することができました。そのためかどうか今となっては確認のしようもないですが、年金信託部数理課に配属され、入社後の5年間は業務に加えて、アクチュアリーと証券アナリストの資格取得に励みました。

　入社以来、10年近く年金数理関係の仕事に従事し、もう1つの希望（資産運用）の業務に就きたいと考え始めた頃、タイミングよく業界に先駆けて「業務公募制度」が始まっていました。1998年に業務公募に応募しようと考え、そのことを妻に話したときのことを、よく覚えています。1998年というと日本長期信用銀行との統合話が、連日、報道されている時期でした。

　妻のコメントは「合併話があるのに部署を変わって大丈夫なの？　年金数理は信託銀行の専門分野だけど、資産運用の部署は先方にもきっとあるよ。人員が余る部署に行ったら、真っ先に余剰人員になるので

は？」という極めて冷静なものでした。それでも最終的には「金融業界は厳しいし、クビになるかもしれないけれど、アクチュアリーと証券アナリストの資格があると路頭に迷うことはないらしい」というザックリとした理由で応募することとなり、1999年4月に念願がかなって資産運用部署に異動できました。

　このように振り返ってみますと、瞬発力が必要なことも稀にありますが、5年・10年先ぐらいを見据えて、無理せず焦らずコツコツと自分自身に「知識や資格」の"積立投資"をしておいたことが、人生の選択肢を広げることにつながったのかなと、今になって感じています。

第 2 節　「ヒト、モノ」と「金融資産」のギャップを埋める「奨学金・住宅ローン等」

(1)　「借りる」という行為のメリット

　今、自分がもっている資金だけではかなわないことができるようになる、という観点では、「お金を借りること」も「選択肢の拡大」であるといえます。

　例えば、今どうしても欲しいモノやサービスがあるけれども、手持ちのお金が足りない場合や、家計の事情から手持ちのお金は使えない、使いたくない場合、お金を借りることでモノやサービスを手に入れることができます。

　「お金を借りること」の代表例として、住宅ローンがあります。住まいを購入するには一般的に何千万円ものお金が必要となりますが、一度にそんな大金をポンと出せる人はそう多くはないでしょう。そこで、金融機関などからお金を借りて、住まいを購入することになります。返済型の奨学金や教育ローンも、「教育」というサービスを受ける目的で「お金を借りること」です。

(2)　「お金を借りる」前にふまえておきたいこと

　「借りる」という行為にも、大きく分けて「2つの種類」があります。具体的には、「資産を形成するための借入」と「身の丈以上の消費のための借入」です。

　まず「資産を形成するための借入」ですが、例えば、不動産という資産を取得するための借入や、自身の経験・能力を磨くため、つまり人的資本を形成するための借入は、必要な時期に必要な金額を工面するためであり、その

人のライフイベントとして重要な取組みを支えるものです。

　一方で、「身の丈以上の消費のための借入」は、今の収入規模からすると予算オーバーしているのだけれども欲しいモノを買うために借金する、派手な生活をするために借金する、といった借入です。

　「日常の消費を借入で賄い、ボーナスで返済する」ということを繰り返している場合、確かに計画的に「消費者ローン」などを活用しているともいえますが、その実態は、自分自身の将来の選択肢の拡大や資産形成のためではなく、「消費者ローン」を滞りなく返済することに「計画的に取り組んでいる」ということにほかなりません。このような借入を考える前に、まずは、お金の使い道や日常の資金繰りの見直しを検討してみるほうがよいでしょう。

(3) お金を借りる、具体的な商品・サービスは？

　借入には種類がいくつかあります。図表2−1には、「モノ（物理的資産）の形成」「ヒト（人的資本）の形成」「その他」に区分して、借入に関する代表的な商品・サービスを記載しています。

図表2−1　主要な借入とその内容

"モノ（物理的資産）"の形成	住宅ローン	●マンションや建売住宅を購入したり、一戸建てを建築したりする際の借入れ ●現在の住宅ローンを別の住宅ローンに変更するといった借り換えにも利用できる
	マイカーローン	●自動車を購入する際の借入れ ●銀行、クレジット会社などにより、自動車ローン、オートローンといった呼び方などがある
"ヒト（人的資本）"の形成	教育ローン	●子どもの進学に伴う教育資金の借入れ ●教育ローンには、国や公的機関が行う公的なものと、銀行などが行う民間のものがある
	奨学金	●学生等の修学を援助するなどの目的のために給付／貸与される資金。給付奨学金は返済不要だが、

		貸与奨学金は返済の必要がある
その他	カードローン	●専用のカードを利用し、ATMなどを通じてお金を借りるローン。あらかじめ決められた利用限度額の範囲内なら、いつでも何回でも借りることができ、使い途も自由 ●ほとんどのカードローンは無担保、無保証だが、有担保型のカードローンもある
	フリーローン	●結婚資金、旅行資金、保険適用外の手術や入院にかかる費用など、借り手の資金需要に柔軟に応えられる、使用目的を制限しないローン
	事業ローン	●企業や事業主、個人経営者などに特化したローン ●法人名義で借りられるものと、事業主の個人名義で利用できるものがある

出所：三井住友トラスト・資産のミライ研究所

コーヒーブレイク ② お金を使うならば「生き金」、「死に金」はあかん！

　1985年に阪神タイガースが日本一となったとき、「ハレー彗星」（75年周期）といわれた阪神優勝を「生きているうちにみることができた」と感動しました。2023年は「2度目の日本一」と、私にとっては特別な年となりました。

　そんな私が小学生の頃、友達から「この電話番号にかけたら、阪神の結果が聞けるで」と教えてもらい、自宅の電話で試してみました。母に「今日は勝ったで」と報告すると「何で知ってんの？」と聞かれて事情を説明すると、「そんな電話をかけてどうすんの。10円要るねん。もう、やめとき」と強い口調でいわれました。ところが、そんな母の口癖は「本と文房具はお母さんが出したる。小遣いとは別や」でした。あるとき「10円で怒るのに、なんで本と文房具は別なんや？」と聞いたところ、「あんたなぁ、**お金はなんぼあっても泥棒に入られたら終わりや。**

家なんか火事なったら終わりや。せやけど、あんたの頭に入ったことは一生盗られへん。そのお金の使い方は「生き金」や。明日になれば新聞で分かることを電話で聞くようなんは「死に金」や」ということでした。

　お金を「借りる」には「資産を形成するための借入」と「身の丈以上の消費のための借入」という説明をしましたが、母にいわせると「死に金」か、ヒトやモノの資産形成につながるような「生き金」か、その使い方を考えて借金するかどうかを考えなさい、ということなのだろうと、この原稿をつくりながら「10円で叱られた小学生の頃」の苦い記憶が蘇りました。

第3節 「住まいを資産としてみる」とは？

　自宅に住んでいると、自宅を資産として活用するというイメージはあまり湧かないかもしれません。しかしながら、住まいを金融資産に変換するさまざまな金融商品・サービスを利用することができます。

---

① 　人に貸す
② 　売却する
③ 　売却したうえで住み続ける（リースバック）
④ 　住まいを担保にお金を借りる（リバースモーゲージ）

　「①人に貸す」は、人に貸せばその分の賃料が入ってきますので、キャッシュフローを生む資産として考えられます。また、「②売却する」は売却するとお金が入ってきますので、直接的に金融資産に変換できます。

　「③売却したうえで住み続ける（リースバック）」は「②売却する」の派生ですが、「住まいを売却したうえでそこに住み続ける」という選択肢になります。この手法は「リースバック」といわれる手法で、一旦、リースバック業者に住まいを売却し、そのうえで売却した住まいを今度は賃貸物件として借り受けることで、「同じ家」に住み続ける方法です（図表2−2）。

　例えば、老後のマネープランを考えたときに、公的年金や自身の金融資産だけでは「充実した生活」には少し足りない、といった場合などに、「同じ家」に住み続けながら、住まいを金融資産に換えることができるということです。また、次の世代への相続を見据えると、不動産を相続するよりも現金に換えておきたい場合も利用できます。

　「④住まいを担保にお金を借りる（リバースモーゲージ）」は「③売却した

図表2－2　リースバックとは

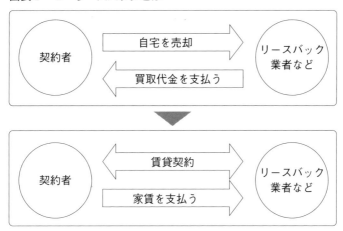

出所：三井住友トラスト・資産のミライ研究所

図表2－3　リバースモーゲージとは

出所：三井住友トラスト・資産のミライ研究所

うえで住み続ける（リースバック）」と似ていますが、住まいを売るのではな
く担保にして、金融機関などからお金を借りることで、住み続けながら資金
を得る方法で、リバースモーゲージといわれるものです（図表2－3）。

　住まいは、モノに該当する資産ですが、住み続けている限りはその意識も
生まれづらいかもしれません。しかしながら、住まいを金融資産に変換する
さまざまな金融商品やサービスが開発されており、セカンドライフを充実さ
せる選択肢を増やせる可能性があります。

このように住まいを資産として捉え直すことで不動産（建物、土地）の再活用を促すことになれば、「空き家問題」という社会課題の解決や、SDGs（持続可能な開発目標、Sustainable Development Goals）への貢献という観点でも意義があります。

　私たち一人ひとりとしては、「住まい」は金融資産に変換することができる資産でもあるということを知っていれば、そのことで人生の選択肢を拡大できる可能性があり、こういう考え方も頭の片隅に置いておいても損はないでしょう。

「ヒト、モノ」に関わる「リスクヘッジ」としての「生命保険・損害保険」

(1)　保険には、どのような種類があるのか

　「貯蓄や積立投資」と「生命保険・損害保険」はまったく別物のようにみえますが、これらはどちらも「ライフイベントに備える」ための手段という観点では「仲間」としてみることができます。仲間だと捉えることで、「貯蓄や積立投資」と「生命保険・損害保険」のそれぞれの特長をふまえて、バランスよく使い分けていくことがイメージできます。

　保険といってもさまざまなものがありますので、まず、保険の全体像をイメージするため、大きく3つの種類に分けて、それぞれの特徴を確認してみましょう。

①　第一分野〜生命保険〜

　生命保険は「人」に関わる保険です。人の生存または死亡に関してあらかじめ取り決めた金額を受け取ることで、自身や家族が経済的に困らないよう、備えておくのが「生命保険」です。

②　第二分野〜損害保険〜

　損害保険は「モノ」に関わる保険です。日常のさまざまなアクシデントにより、車や家などの「モノ」が損害を受けるリスクがあります。このような損害によって生じた費用を補償するのが「損害保険」です。

③　第三分野〜医療保険〜

　医療保険など（ガン保険、介護保険、傷害保険含む）が該当します。例えば、入院や介護が必要な状態などに保険金が支払われるようなものです。この分野は、生命保険会社も損害保険会社も取り扱っています。

⑵　人生における保険の活用方法とは？

　人生におけるライフイベントを経済的に安心したかたちで乗り切るために
は、図表2−4の右下のような領域に当たる「**予測しやすいライフイベン
ト**」に対しては「**貯蓄や積立投資**」で資産形成をして対応することが**基本**と
なります。

　一方で、図表2−4の左上のような領域に当たる「**予測しにくいライフイ
ベント**」、つまり「**発生確率が低いものの、起こると経済的負担が大きいイ
ベント**」をカバーするには、保険料を支払うことで、万が一、所定の事態が
起こった場合には大きな保障が得られる「**保険**」で備えることがマッチして
います。

　このように、貯蓄や積立投資だけでなく、予期せぬことへの備えとしては
保険も活用することで、より安心なマネープランを描くことができます。

図表2−4　保険でカバーすべきリスク（予測しにくいライフイベント）

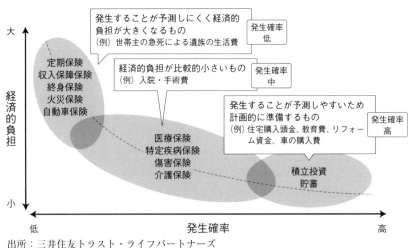

出所：三井住友トラスト・ライフパートナーズ

「相続・贈与」という「ライフイベント」への備え

　将来の老後資金以外に、子どもの教育費や家族のための広いマイホーム、楽しい旅行など、充実した暮らしを願い、私たち一人ひとりはさまざまなかたちで資産形成に取り組みます。

　しかしながら、資産を積み上げてきた当事者が亡くなるようなことがありますと、そのご遺族は、相続手続きや相続税に直面することになりますし、そのようなことが起こらなくても、実家から「相続・贈与」を受ける立場になることも想定されます。

　日用品のための消費ではさまざまな節約や工夫をしながら、さらに、少しでも収入を増やそうと一生懸命に取り組んでいる人でも、誰もが当事者になりうる「相続」「贈与」については「そういう話を親族ですることは憚られる」などといった心理もあってか、ほとんど手付かずの場合も多いようです。

　「相続・贈与」は、計画的に対応するかどうかで税制面の影響も含めて、生涯を通じた「マネープラン」に対しては大きなインパクトがある項目です。

　特に「相続」は、一昔前は「うちは、相続税を心配するほどの富裕層ではないので」といった話もよく耳にしましたが、2015年の相続税制の改正もあり、例えば、都市部で「持ち家」があれば、かなりの確率でその対象になるようになっており、「相続」や（相続対策としての）「贈与」という仕組みの活用も、他の金融商品・サービスの活用と同様に、**早い段階から考えだすことがとても大切**と心得たほうがよいでしょう。

「お金に関する不安」のトップは「老後資金」というけれど、どんな手順で考えればよいのか

　私たち一人ひとりの「生活評価指数（ウェルビーイング実感）」の向上には、「老後資金」の不安解消につながる「お金の健康（ファイナンシャル・ウェルビーイング）」が極めて重要な要素であると述べました。それでは、この「老後資金」の不安を和らげていくための「マネープラン」は、どのような手順で策定していけばよいのでしょうか。

　「資産所得倍増プラン」の第1の柱で「NISAの抜本的拡充や恒久化」、第2の柱で「iDeCo制度の改革」が謳われ、「新NISAは○○投信の一択で」「iDeCo制度には○○がお勧め」といったセールストークを耳にすることが増えてきていますが、手順としては、**自分自身がこういうふうにしたいという「ライフイベント」を想定し、そのライフイベントに対応する「マネープラン」を策定することから始める**ほうがよいと考えます。

　イメージが湧きづらいかもしれませんが、「家づくり」に例えますと、まず、自分がどんな暮らしをしたいのか、ここは譲りたくないというような考えがあって、それに基づいた「間取り」を考えると思います。「間取り」の想定もないのに「家具や電化製品」を比べて「高機能のこれがいい、シンプルなデザインがいい」などと品定めに注力しても無駄になるかもしれず、こういった品定めは「家づくり」や「間取り」と比べると「さほど、大きな意思決定ではない」ことをイメージできるかと思います（図表2－5）。

　人生100年時代、「令和」という可能性のある時代を、自分らしく生きていくための「マネープラン」の"背骨"に該当するものが、「老後資産形成」を見据えた「積立計画・取崩計画」の策定（家づくりでいえば「どう暮らしていきたいか」）であり、その「マネープラン」を実践していく際の「投資性資産への投資割合」（家づくりでいえば「間取り」）であるといえます。

図表 2 - 5　投資方針決定のプロセス

投資性資産での運用にあたっては、まず、①どのような投資を目指すか、②何を投資対象とするか、③どのような割合で投資するか、が重要となります。

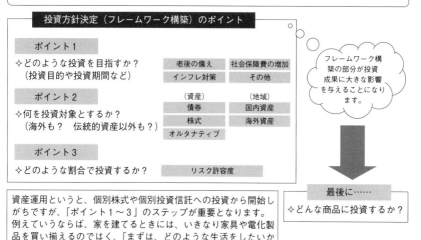

資産運用というと、個別株式や個別投資信託への投資から開始しがちですが、「ポイント1〜3」のステップが重要となります。例えていうならば、家を建てるときには、いきなり家具や電化製品を買い揃えるのではく、「まずは、どのような生活をしたいかを考えて、次に、設計図や間取りを決める」ことと似ています。

出所：筆者作成

　確定給付型企業年金では、この"背骨"に当たるものが、年金制度の「積立計画」の策定と、その計画をふまえた年金ALM（Asset and Liability Management、資産と負債の総合管理）の実施による「政策アセットミクス（基本ポートフォリオ）」の策定です。**米国における実証研究で「リターンの変動の9割はポリシー・リターンの変動で説明できる」という結果が示されており**、1980年代から1990年代にかけて、**年金資産運用における政策アセットミクス（基本ポートフォリオ）の重要性が広く認知されるようになりました。**なお、我が国においても企業年金連合会（旧称　厚生年金基金連合会）が厚生年金基金を対象に同様の検証を実施しており、同じような結果を得ています（図表2－6）。

　パーソナルファイナンスの分野でも金融機関やファイナンシャル・アドバイザーの方々に本当に求められている「アドバイス」の内容は、この"背

図表2−6 「政策アセットミクス（基本ポートフォリオ）の重要性」の検証例

○ブリンソンらが米国で行った分析と同様の分析を行ったところ、米国と同様
にリターンの変動の9割はポリシー・リターンの変動で説明できるとの結果
が得られた。

実際のリターン変動の要因

	銘柄選択＋その他	
	アクティブ	パッシブ
資産配分 アクティブ	Ⅳ アクティブ・リターン（実際のリターン） 100.00%	Ⅱ ポリシー・リターン＋資産配分効果 91.96%
資産配分 パッシブ	Ⅲ ポリシー・リターン＋銘柄選択効果＋ その他の効果 98.55%	Ⅰ ポリシー・リターン 91.20%

出所：厚生年金基金連合会運用調査部「厚生年金基金の資産運用—報告書の要約—」
　　　（2001年8月）

骨"部分の構築をサポートすることではないでしょうか。

　第3章以降では、この"背骨"部分を構築し、実践していく技法につい
て、順を追って説明いたします。

第3章

「一括投資」の技法
―「長期投資と分散投資」
＋「タイミング分散」―

〈イントロダクション〉

第3章〜第5章では、資産形成・資産活用に関するさまざまな"定説"について、プロフェッショナルではない一般の「個人投資家」にとって重要度の高いものを中心に、できるだけ分かりやすい表現を心がけつつ、原理原則（算式を用いた説明）も交えながら説明してまいります。

そもそも自分自身がどのような投資スタンスで「投資」に取り組むのかを自覚することが非常に重要であると考えていますが、そのようなステップなしに「一括投資か、積立投資か」「アクティブ運用か、パッシブ運用か」「個別株か、ETFか、投資信託か」などについて特定の観点からだけ解説をしているケース、「長期投資」「分散投資」「リスク許容度」といった重要な概念を不明瞭で漠然とした意味合いでしか説明していないケース、「ドル・コスト平均法」「72の法則」など便利で分かりやすい理屈を断片的に紹介しているだけのケースなど、**「金融経済教育」の重要性が高まっている割には、本質的な理解を促す良質なテキストやセミナーが極めて少ないという問題意識**があります。

金融機関やファイナンシャル・アドバイザーの方々などの説明が何となく釈然としないとお感じの方、断片的な情報だけでなく、もう少し掘り下げて「投資」を理解したい方などに、第3章〜第5章の内容が少しでもお役に立てれば幸いです。

第1節 「投資」で成功する「最初の条件」とは？

「投資」といっても幅も広く奥も深いですので、私たち一人ひとりが「投資」を開始する場合には、**自分自身がどのようなスタンスで「投資」に取り組むのかということ（投資家としてのタイプ）を自覚することが、投資で成功する「最初の条件」**です。

「割安な会社を見つけて投資して、その会社の株価が本来の価値に基づく株価となれば売却する」「値動きの傾向を分析して上昇すると見込めば購入して、下落すると見込めば空売りし、想定どおりの値動きとなればポジションを解消する」「投資したら、その後は投資対象が上昇していくことで、長期的にその恩恵を獲得する」などのさまざまな「投資手法」がありますが、どの投資手法が自分自身にマッチするかは、自分自身の「投資」に取り組むスタンスと大きく関わっています。

このように説明しますと、「投資」のスタンスとはどういうことなのかが気になるかと思いますが、まず、「投資」と語感がよく似ている「投機」ということについて、その違いを確認してみます。といいますのは「投機」に類するようなものを「投資」と考えている人、その方法を解説しているケースなどもありますので、まずは、「投資」と「投機」の違いをザックリと把握することから始めたほうがよいと思えるからです。

<table>
<tr>
<td>第 2 節</td>
<td>「投機」とはどういうことなのか。そのイメージをつかもう！</td>
</tr>
</table>

⑴ 「投資」と「投機」の違い

それぞれに確立された「定義」があるわけではなく、場面や人によって異なる意味合いで使われることもありますが、私自身は、「投機」はギャンブルと同様に「誰かが儲かれば誰かが損をするゼロサムゲーム」と考えると分かりやすいと考えています。

「安く買って高く売るという行為を繰り返して、短期間で大儲けした」という体験談を耳にすることがありますが、短期間に"安く買って高く売れた"ということは、逆に"安く売った人と高く買った人"がいるということになります。全体としては、儲けた分だけ、損をしている人がいるということになり、そう考えますと「期待値がゼロ（もしくはマイナス）」のゲームに参加しているということになります。

例えば、「a％儲かる確率が p、a％損をする確率が q（q＝1－p かつ p＞q）となる投資機会を見極める力」をもつ「プロフェッショナルの投資家」がいるとすれば、その勝負に 1 回だけ参加する場合の期待値は「a％×p － a％×q＝a％×(p－q)＞0」となります。同様の投資機会が沢山あればあるほど、「プロフェッショナルの投資家」は、高い確率で「a％×(p－q)」程度の収益が得られることになります。

ここで、単純化して、取引に参加している投資家は「プロフェッショナルとプロフェッショナル以外」だけだとします。そのような市場である場合、冷静に考えてみますと、プロフェッショナル以外の個人投資家が「ある時点である投資対象を購入する」という判断をした場合に、別の投資家（プロフェッショナルまたはプロフェッショナル以外）は「その時点でその投資対象

を売却する」という判断をしていることになります。

「プロフェッショナル以外vsプロフェッショナル以外」の場合には、この
売買の期待値は「じゃんけん」と同じでゼロと考えるべきでしょうし、「プ
ロフェッショナル以外vsプロフェッショナル」の場合には、プロフェッショ
ナルでも投資判断を間違えることはありますが、それでも回数を重ねれば重
ねるほど「プロフェッショナル以外」は「平均的にはプロフェッショナルに
負ける」、「プロフェッショナル」の期待値がプラスとなる分だけ、「プロ
フェッショナル以外」の期待値はマイナスになると考えるほうが合理的で
しょう。

このように考えますと、「プロフェッショナル以外」の投資家である場合
には、「短期売買」を重ねながらも「勝ち組に入るという確率」は低いとい
うことが分かります。

⑵ 「ゼロサムゲーム」に参加して「勝ち組に入る確率」は？

現実の世界では「プロフェッショナル」の参加者もいるし、何らかのかた
ちで取引手数料も発生しますが、ここでは、「プロフェッショナル」は存在
せず、取引に必要な手数料もなく、参加者の勝率が均等である「ゼロサム
ゲーム」に参加し続けるケースを想定して、「勝ち組に入る確率」がどのぐ
らいになるかを確認してみます。

このゼロサムゲームに10回続けて参加した場合、勝者となるには、どの程
度勝つことが求められるのでしょうか。

例えば、「所持金の20％を賭ける（半々の確率で所持金が120％か80％にな
る）」というゼロサムゲームに10回参加し続けた場合、勝者となるために必
要となる条件は図表3－1のとおりの算式で表すことができ、n＝10、α＝
0.2を代入して勝者となるための最低勝率を求めると、55.0％となり、6勝
4敗以上の成績を残さなければならないことが分かります。

「所持金の50％を賭ける（半々の確率で所持金が150％か50％になる）」という
ゼロサムゲームであれば、ゲーム回数別に必要となる最低必要勝率は、先ほ

図表 3 － 1　投資の勝者になるために必要な最低勝率（αは 1 回当たりの収益率）

n 回参加して、そのうち k 回は勝者になるとすると、投機の勝者になるために必要な条件は、

$$(1+\alpha)^{k}(1-\alpha)^{n-k} \geqq 1$$

$$\Updownarrow$$

$$k/n \geqq -\log(1-\alpha)/\{\log(1+\alpha)-\log(1-\alpha)\}$$

出所：三井住友トラスト・資産のミライ研究所

図表 3 － 2　所持金の50%を賭ける場合の最低必要勝数

α	50%		最低必要勝率（理論値）	63.1%
			$= -\log(1-\alpha)/\{\log(1+\alpha)-\log(1-\alpha)\}$	
回数(n)	1 以上となるための勝数(m)	= m － n	必要勝率(%)	= n＊最低必要勝率（理論値）
1	1	0	100.0	0.63093
2	2	0	100.0	1.26186
3	2	1	66.7	1.89279
4	3	1	75.0	2.52372
5	4	1	80.0	3.15465
6	4	2	66.7	3.78558
7	5	2	71.4	4.41651
8	6	2	75.0	5.04744
9	6	3	66.7	5.67837
10	7	3	70.0	6.30930

出所：筆者作成

どの例と同じように計算しますと、10回参加の場合には63.1%、つまり 7 勝 3 敗以上ということになります（図表 3 － 2 ）。

　「所持金の80%を賭ける（半々の確率で所持金が180%か20%になる）」ことにすれば、さらにそのバーが上がり、73.2%、つまり 8 勝 2 敗以上となります。「所持金の80%を賭ける勝負を10回続ける」というのは現実的でないと

お感じになるかもしれませんが、例えば、FXのようなレバレッジの効く取引で「明日には投資元本の80％ぐらい儲かる」（投資期間１日と想定）と考えてポジションをとったものの、思ったように相場が動かないまま10日間、放置したとしたら、まさに「所持金の80％を賭ける勝負を10回続ける」のと同じような状態となります。

「ゼロサムゲーム」で、リターンの期待値が「ゼロ」なのに「勝ち組になれる確率」が50％未満になるのは、何となく釈然としないと感じる方もいらっしゃるかもしれません。ここで、シンプルな例をあげると、50％上がるか、50％下がるか、というゲームに２回続けて参加すると、以下のパターンとなる可能性があります。

A：勝ち→勝ち　　$1 \times 1.5 \times 1.5 = 2.25$

B：勝ち→負け　　$1 \times 1.5 \times 0.5 = 0.75$

C：負け→勝ち　　$1 \times 0.5 \times 1.5 = 0.75$

D：負け→負け　　$1 \times 0.5 \times 0.5 = 0.25$

期待値は$(2.25 + 0.75 + 0.75 + 0.25) / 4 = 1.0$で投資元本と同じ（リターンの期待値は「ゼロ」）ですが、結果は圧倒的な勝ち組のAが１人と、負け組のB、C、Dの３人となることが分かります。

この算式の50％をα％、２回をn回、勝ち組になるために必要な「勝つ回数」をkとして、「勝ち組」となるために必要な最低勝率を求められるように一般化したものが図表３－１の算式ということです。

このように考えますと、ゼロサムゲーム（投機）で「勝ち組に入る確率」はかなり低いことが分かります。

コラム③　「投機」でも「億り人」になれる？

「安く買って高く売るという行為を繰り返して、短期間で大儲けした」という体験談を耳にすることがあると述べました。いわゆる「億り人」ということかもしれませんが、それでは、「投機」（ゼロサムゲーム）

でも「億り人」になれる可能性はどれぐらいあるのでしょうか。

「AかBか、その予想が当たれば倍になり、外れたらなくなる」というカジノや丁半博打のようなゲームを想定してみましょう（対象が暗号資産やFXでも、そのようなゲームに近いケースもあるでしょう）。

100人が投資元本100万円をもって、7回、この「投機」に挑戦することになったとしましょう。この100人には「必勝法があるので、本当に勝てたら、それを信じて次のゲームでも全額を賭けるようにしましょう」（本当は必勝法などなく勝つ確率は50％で、AかBかをランダムに予測）と伝えておき、全員がそれを信じて、勝った場合には全額を賭け続けたとしたら、少なくとも1人の「億り人」が発生する確率は、どれぐらいになるでしょうか。

順次、その確率を計算していくと、図表3−3のとおり、「少なくとも1人、全勝者が発生する確率」、つまり「億り人」（この場合1億2,800万円を手にする人）が発生する確率は54.4％となります。

意外に大きいとお感じなのではないでしょうか。動画などで必勝法と

図表3−3　少なくとも1人の「億り人」が発生する確率

ゲーム回数（n）	7	
1回　勝つ確率（p）	50％	
1回　勝った場合の収益（r）	100％	
投資元本（A円）	1,000,000	
n回　続けて勝った場合の達成金額（円）	128,000,000	$= A \times (1+r)^n$
n回　続けて勝つ確率（q）	0.78％	$= p^n$
ゲーム参加者数（m）	100	
参加者の中で、全勝者が1人も発生しない確率（s）	45.6％	$= (1-q)^m$
少なくとも1人、全勝者が発生する確率	54.4％	$= 1-s$

出所：筆者作成

称して「投機」を誘う人がいて、100人がそれを信じて実行すれば、かなりの確率で「億り人」が発生することになります。その「億り人」が「私も億り人になれた！」と発信して、さらに参加者が増えれば「億り人」も増えるでしょう。しかしながら、期待値がゼロの「投機」では、一握りの勝者と大多数の敗者が発生するということが分かるかと思います。私たち一人ひとりは、（発信している方に悪気はないかもしれないですが）巷で発信される「必勝法」には、よく注意したほうがよいでしょう。

　「投機」の特徴などについて考えてきましたが、「投機」ではなく「投資」
に取り組むこととした場合でも、その幅は広く奥は深いものです。そこで、
まず、「投資」を大きく 3 つに分けてみます。

(1)　プロフェッショナルとしての投資

　職業として「投資」に取り組むケースです。例えば、金融機関に就職を
し、会社の資金運用を担う業務の中で投資を行う場合や、信託銀行や生命保
険会社などに就職をし、企業が従業員のために積み立てている企業年金を預
かり、資産運用を担う業務の中で投資する場合などもあります。個人で 1 日
のうちに何度も株式等の売買を繰り返して利益を稼ごうとするデイトレー
ダーもここに該当します。いずれの場合も、金融に関する高度な知識や専門
性が必要であり、為替や株価といった金融市場に向き合って「投資」に取り
組むことになります。

(2)　趣味としての投資

　「音楽を聴くのが趣味」「映画鑑賞が趣味」などと同じように、自分自身の
趣味として「投資」に取り組むようなケースがあります。投資する過程で、
世の中や企業について調べたり、今後の動向を考えたりするのが楽しいから
投資をしているというような場合もここに該当します。このような「投資」
の場合には、自分自身の「資金的な余裕度」と投資対象の価格の変動に対す
る「心理面での余裕度」にマッチするような投資対象・投資手法を選ぶこと
になります。保有する金融資産が多いほど、また、投資経験が豊富なほど
「心理面での余裕度」は大きくなり、「リスク許容度」も大きいといわれてい

ます。

⑶ マネープランとしての投資

　自分自身が策定したライフプランに対応するマネープランを実践していけるように、積み立てたお金を「貯蓄」だけではなく「投資」にも振り向ける場合が該当します。自身のライフプランに対応するマネープランの実践に向けて、例えば、**資産形成中の現役世代では「積立投資」、金融資産を取り崩しながら資産運用するセカンドライフでは「資産活用」というように、それぞれに「積立計画・取崩計画」があったうえで、それを実践する手段として「投資」に取り組む場合**が該当します。

第4節 「プロフェッショナルとしての投資」のイメージをつかもう！

「プロフェッショナルとしての投資」における「投資マネージ戦略」の基本とは？

　「プロフェッショナルとしての投資」で、他の市場参加者に打ち勝つ投資手法は多種多様で本書では深入りしませんが、どのような手法であれ、何らかの方法で目ざとく「投資機会」を見つけることができるということですので、ここでは単純化して「プロフェッショナル」は「a％儲かる確率がp、a％損をする確率がq（q＝1−p かつ p＞q）となるような投資機会」を見極める力があるということにします。

　この勝負に1回だけ参加する場合の期待値は、

　　a％×p−a％×q＝a％×（p−q）＞0

となり、同様の投資機会が沢山あればあるほど、高い確率で「a％×（p−q）」程度の収益が得られるということになります。

　p＞qであっても「負ける確率」はありますので、1回は負けてしまう場合もあります。では、このような「プロフェッショナルとしての投資」で、a％の「利食い」のラインを設定していたとして、損はどこまで許容したら、その「期待値」を上昇させられるでしょうか。

　「利食い」のラインと同じ幅のa％を「損切り」のラインとした場合は、平均的な期待値は、前述のとおり、「a％×（p−q）」となります。

　この期待値をf(1)とすると、**f(1)＝a％×（p−q）**となります。

　それでは、「損切り」ラインを「a％×2」と「利食い」の2倍としたとしましょう。この場合は、図表3−4のように、「利食い」または「損切り」のラインに到達するまで、この投資を繰り返すこととなります。

図表3－4　「利食いライン」ａ％、「損切りライン」－2a％で投資継続した場合の
　　　　　確率推移

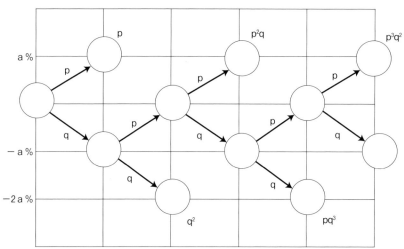

出所：筆者作成

　この場合の期待値をf(2)としますと、

　　ａ％となる確率 $= p + p^2 q + p^3 q^2 + \cdots$

　　　　　　　　　　$= p \times \{1 + pq + (pq)^2 + \cdots\} = p / (1 - pq)$

　　－２ａ％となる確率 $= q^2 + pq^3 + p^2 q^4 + \cdots$

　　　　　　　　　　$= q^2 \times \{1 + pq + (pq)^2 + \cdots\} = q^2 / (1 - pq)$

となり、

　　$f(2) = ａ％ \times p / (1 - pq) - 2ａ％ \times q^2 / (1 - pq)$

ということになります。

　「損切り」ラインを「ａ％×３」とした場合の期待値を同様に求めますと、

　　$f(3) = ａ％ \times p(1 - pq) / (1 - 2pq) - 3ａ％ \times q^3 / (1 - 2pq)$

となります。

　ここで、ａ％＝１とした場合に、これらf(1)～f(3)の大小関係がどうなる
かをグラフ化してみます。

　ｐ＋ｑ＝１ かつ ｐ＞ｑ＞０の前提ですので、0.5＜ｐ＜1となります。図表３－

図表3－5 「損切りライン」に応じた期待値f(n)の変化

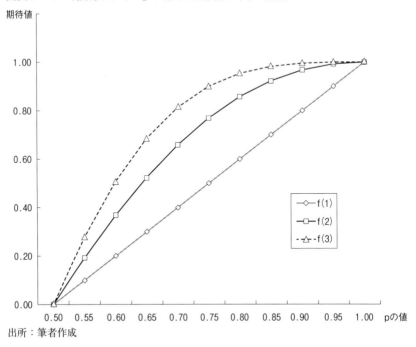

出所：筆者作成

5は、横軸をpの値、縦軸を期待値f(n)（n＝1、2、3）としています。

　計算上は「利食い」ラインに対して「損切り」ラインを2倍にしたほう
が、さらに2倍より3倍にしたほうが期待値は大きくなります。

　その一方で、この前提は「a％儲かる確率がp、a％損をする確率がq
（q＝1－p かつ p＞q）となる投資機会を見極める力がある」という状態で
投資しているということですが、そもそも、想定した投資期間を過ぎても
「利食い」ラインに到達しない状態が継続するようであれば、想定外の市場
変動要因が出てきている可能性もあります。想定以上に投資期間が長くなる
戦略をとるのは必ずしも得策ではなく、現実的には2倍ぐらいにとどめてお
いたほうがよいということかもしれません。

　「投資マネージ戦略の基本」は「利食い目標：損切り目標＝1：2」とい

う話を、大手金融機関で金融機関自身の自己勘定で投資する業務に従事する
プロフェッショナルの方から伺ったことがありますが、その背景には、この
ようなことがあるのかもしれないと考えています。

コラム④ 「プロフェッショナルとしての投資」──「ロング
ショート戦略」とは？

　「プロフェッショナルとしての投資」の「投資機会」とはどういうも
のか。ここでは、ヘッジファンドなどが採用する「ロングショート戦
略」を例に説明することで、そのイメージをつかんでいただきます。ロ
ングは「買持ち」、ショートは「空売り」のポジションで、ロングショー
トはそれらを組み合わせる戦略です。

　「買持ち」だけでは、株式市場が下落したときには損失を被ることに
なります。「空売り」の場合は、100円で「空売り」した銘柄が下落して
80円となったら、80円で株式市場からその銘柄を購入して返却すること
で、「空売りしたときの100円」－「買い戻したときの80円」＝20円の収
益が上がるポジションとなります。しかしながら、予想に反して、120
円に上昇したら100円－120円＝－20円と損失を被ることになります。

　ロングショート戦略では、例えば、同業種のＡ社とＢ社で相対的にＡ
社の業績のほうが堅調だと判断したとします。この場合、Ａ社を「買持
ち」、Ｂ社を「空売り」する戦略です。

　株式市場全体が堅調で、Ａ社は100円から130円に上昇、Ｂ社も100円
から120円に上昇した場合、この戦略の損益はどうなるでしょうか。

　　Ａ社のポジション：130円－100円＝　30円（利益）

　　Ｂ社のポジション：100円－120円＝－20円（損失）

　　⇒　合計：30円－20円＝10円（利益）

　株式市場全体が軟調で、Ａ社は100円から80円に下落、Ｂ社も100円か
ら70円に下落した場合、この戦略の損益はどうなるでしょうか。

　　　　A社のポジション：80円－100円＝－20円（損失）

　　　　B社のポジション：100円－70円＝　30円（利益）
　　　　─────────────────────────────
　　　⇒　合計：－20円＋30円＝10円（利益）

　このように「A社の株価がB社と比べて堅調に推移する」という予測
どおりに株価が推移した場合には、上昇相場でも下落相場でも10円の利
益が得られることになります。こういうペアを数多く見極める力があれ
ば、多くのポジションをとることで、再現性高く収益を確保できること
になります。こう説明しますと、株式市場の上昇・下落によらず収益が
得られる「よい戦略だ！」とお感じかもしれませんが、予測に反して、
A社が100円から80円に下落し、B社は100円から130円に上昇したら、
合計50円もの損失となってしまいます。あくまで、このような組合せを
見極める力がある場合に有効な戦略ともいえます。

コーヒーブレイク ③　プロフェッショナルとしての、ここぞの「投資判断」

　リーマンショックの直後、2009年2月頃だったと記憶していますが、
結果的に未曽有の大暴落からの底値圏だった時期に、ある創業社長の方
から「米国の金融セクターにだけ投資する投資信託を組成してくれた
ら、すぐにでも投資したい」という話を伺ったとき、ビジネスそのもの
でも「投資判断」に日々迫られている創業社長だからこその、これも
「プロフェッショナルの投資」の1つだなと感服したことを、今でも鮮
明に覚えています。

　時がたって2011年3月11日（金）、私自身は数百億円規模の「ファン
ドラップ」の投資判断責任者でしたが、午後2時50分頃、強い振動とと
もにオフィスがあった八重洲ビルの天井から土煙が落ちてきました。す
ぐに東京市場は終了しましたが、その日は帰宅せずにオフィスに残り、
可能な限りの情報収集と分析を行いました。そして迎えた、勝負の月曜

日、このときばかりはと「全コースの日本株を50％売却する」という「長期分散投資をベースにするファンドラップ」ではかつてない「投資判断」をくだしました。結果はといえば、その翌日、日経平均は1,000円以上の暴落となりました。その後日談になりますが、東北地方のお客様（お医者様）から「あのときは救命活動で精一杯。株が下がっているとか、自分のお金がどうなっているとか、まったく頭になかった。自分の代わりにそんな投資判断をしてくれたと知って、プロフェッショナルの方にお願いしてよかった」というような話をお伺いしました。私自身が「プロフェッショナル」というレベルに到達できたかどうかは別として、それでも、自分自身が最善を尽くしたと思える状態でくだした「投資判断」でお客様から「プロフェッショナル」と呼んでもらえたことは、お客様からいただいた勲章のように思え、「投資判断責任者」の土台として私自身を支え続けてくれました。

　その後、投資判断責任者でなくなった自分自身の「投資」はといえば、2020年3月、コロナショックでグローバルに株価が大暴落したとき、「ここは買い。回復はeコマース銘柄の投信から」とまで予測しながら、結局、買い時を逃しました。やはり「プロフェッショナルとしての投資」で、予測だけでなく、ここぞという判断を実践していけるだけの"感覚"を保つことは容易ではないと感じています。

　そんな思いもあり、私自身は、ほぼ一貫して「マネープランとしての投資」に取り組んでいますし、「個人投資家」の1人として、そのほうが自分自身の「ウェルビーイング」にもいいかなと考えています。

(1) 「一括投資」の技法──「コア＆サテライト運用」戦略

2つ目の「趣味としての投資」では、**自分自身の「資金的な余裕度」**と投資対象の価格の変動に対する**「心理面での余裕度」にマッチするような投資対象・投資手法を選ぶ**ことになります。保有する金融資産が多いほど、また、投資経験が豊富なほど**「心理面での余裕度」は大きくなり、「リスク許容度」も大きい**といわれています。

このような「リスク許容度」の考え方に基づけば、投資する資産全体でどの程度の「リスク／リターン水準」のポートフォリオを構築すればよいかを「リスク許容度」と、ある程度、紐づけすることができます。

そうなると次は、投資する資産全体が、その「リスク／リターン水準」となるように、運用商品・サービスをどのように組み合わせればよいのかということが課題となります。しかしながら、2000年代頃までは、このようなポートフォリオ運用の概念はほとんどリテールビジネスでは活用されていませんでした。

ポートフォリオ全体が意図したものとなるように、個別の資産運用者（商品・サービス）を選定して組み立てていくステップを、確定給付型企業年金では「マネージャーセレクション」といい、その「マネージャーセレクション」の土台となる考え方の1つが「コア＆サテライト運用」戦略といわれているものです。

金融機関のリテールビジネスでは、2010年前後になってから漸く、それまでの「分配売り」や「相場売り」に代わって、「ストック収益重視」のビジネスモデルへの転換を図るものとして、確定給付型企業年金における「コア

図表3－6 「コア＆サテライト運用」戦略の考え方

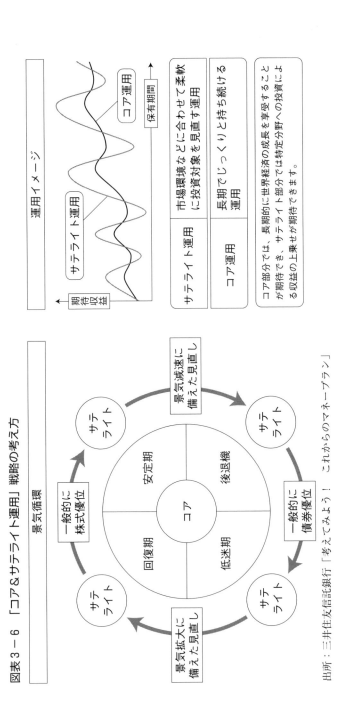

運用イメージ

サテライト運用	市場環境などに合わせて柔軟に投資対象を見直す運用	
コア運用	長期でじっくりと持ち続ける運用	

コア部分では、長期的に世界経済の成長を享受することが期待でき、サテライト部分では特定分野への投資による収益の上乗せが期待できます。

出所：三井住友信託銀行「考えてみよう！ これからのマネープラン」

＆サテライト運用」戦略を個人向けにアレンジして活用するようになりました（図表3－6）。

「コア運用」とは、ポートフォリオ全体の中で、長く保有し続けられるような投資商品・サービスのことであり、典型的なものとして、ラップ口座やバランス型の投資信託などが提供されています。

私たち一人ひとりの視点では、例えば、「退職金や相続資金などのまとまった資金があるが、それほどハラハラドキドキはしたくない。とはいいつつ、インフレによる資産価値の目減りも気になるし、できることならば、リスクは抑制しながら「定期預金＋α」％ぐらいの資産運用をしたい」というような場合には、「コア運用」という考え方がマッチしています。「コア運用」は、このような性質がありますので、どちらかというと「地味で面白みのない運用」といえるでしょう。

「サテライト運用」とは、比較的短期間での保有を想定した投資商品・サービスのことで、典型的なサテライト運用商品としては、旬のテーマを題材とした投資信託などがあります。この資産運用は、投資タイミングを重視した投資スタイルにマッチします。投資タイミングを重視する投資スタイルですので、コア運用と比べて、その投資自体で「勝者になる確率」は必ずしも高くはないかもしれませんが、旬のテーマの話自体は、ワクワクさせるものがありますし、その見込みが当たって、短期間で収益が出た場合の「楽しみ」に刺激があることは確かです。

実際、個人向けビジネスの場で、いろいろなお客様のコンサルティングをしていますと、「コア運用」を中心にしつつも、すべて「コア運用」にしてしまうと面白みがなくなってしまうので、一部は「サテライト運用」で楽しみたい、というお考えのお客様がいらっしゃいました。しかしながら、そういった場合でも、「運用資産を大幅に毀損しても気にしない」というようなことでない限りは、投資に回す資産全体の中で「コア運用」を多めにして、地味で面白みはないかもしれないですが、「長期・分散」投資を続けることで収益獲得を目指し、一部の資金は、「楽しみ」としての「サテライト運

用」に振り向けるというような方法が得策であると思えます。

このように、リテールビジネスの分野で、確定給付型企業年金のノウハウである「コア＆サテライト運用」戦略が浸透してきた経緯については、井戸照喜著「銀行ならではの"預り資産ビジネス戦略"─現場を動かす理論と実践」（金融財政事情研究会、2018年）で詳しく解説していますので、ご参照いただければ幸いです。

⑵ 市場は効率的ではないと捉えるのか。それとも効率的であると捉えるのか

「市場が効率的である」という表現は、馴染みが薄いかもしれません。

例えば、Ａ社の株価が本来の価値に対して割安な状態に放置されていれば、その割安状態で購入して、その後、本来の価値に基づく株価になったときに売却すれば収益を得ることができます。市場機能が有効に働いていない場合には、このような株価の会社が沢山あるでしょうし、逆に、情報が瞬時に共有されて、それぞれの株価はその時点の本来的な価値に基づいたものになっているとすれば、その市場は効率的に機能している（効率的市場仮説が成り立っている）ということになります。

このような市場の歪みを目ざとく見つける「プロフェッショナルとしての投資」であれば、ａ％儲かる確率がｐ、ａ％損をする確率がｑ（ｑ＝１－ｐかつ ｐ＞ｑ）となるような「投資機会」を見極めることができるかもしれません。そういう「投資機会」が存在するということは「効率的市場仮説」は厳密には成立していないということになるでしょうが、**「投資」を本業としない多くの個人投資家にとっては、"ある程度"市場は効率的である、すなわち、なかなかそのような「投資機会」を見つけることは困難であると考えて、そのうえでも収益が期待できる投資方法を選択するほうが合理的**であると考えます。

そうはいっても、「投資」である以上、値動きがある投資対象に対して「割安なときに購入して、価格が上昇したときに売却する」ことが必要であ

るとすれば、"ある程度"効率的な市場では「収益を得るチャンスがない」
とお感じになるかもしれません。

⑶　持続的な「世界経済の成長」から果実を得るという発想

　ここでポイントになるのが、"ある程度"効率的な市場であっても、持続
的な「世界経済の成長」から果実を得るという発想です。

　この発想を活用している「投資」の中で、代表的なものとしては「プロ
フェッショナルとしての投資」に属する公的年金や企業年金の資産運用があ
ります。

　これら年金制度の資産運用の大きな特徴は、「投資資産の規模が巨大」で
「投資期間が半永久的」というところにあります。

　例えば、我が国の公的年金の資産運用を担うGPIF（年金積立金管理運用独
立行政法人）の資産規模は、図表3－7のとおり、2023年度第1四半期末で
約219兆円となっています。

　GPIF（年金積立金管理運用独立行政法人）は「市場のクジラ」といわれる
ように、極めて大きな運用資産を保有しています。「プロフェッショナルと
しての投資」で、短期的な売買で「期待値がプラス」になるような「投資機
会」を見極める力があったとしても、「購入したいタイミング」で、その巨
額の資産の売却に応じる投資家がいなければ、その取引は成立しないことと
なります。このような背景もあり、「プロフェッショナルとしての投資」の

図表3－7　GPIF（年金積立金管理運用独立行政法人）「2023年度の運用状況」

	2023年度第1四半期	市場運用開始以降 （2001年度～2023年度第1四半期）
収益率	＋9.49％（期間収益率）	＋3.97％（年率）
収益額	＋18兆9,834億円（期間収益額） うち、利子・配当収入は1兆3,591億円	＋127兆3,658億円（累積収益額） うち、利子・配当収入は48兆4,117億円
運用資産額	219兆1,736億円（2023年度第1四半期末現在）	

出所：GPIF（年金積立金管理運用独立行政法人）のホームページ

中でも、公的年金や企業年金の運用資産の大部分は、「短期売買」ではなく「長期投資」とならざるをえない側面があります。

実は、この公的年金や企業年金で活用している、**持続的な「世界経済の成長」から果実を得るという発想の資産運用**こそ、プロフェッショナルではない個人投資家の「マネープランとしての投資」にも活用できる方法なのです。

それでは、まず「世界経済の成長」とは何かについて確認します。

世界経済とは、世界の国々のGDP（国内総生産＝一定の期間内に生産されたモノやサービスの付加価値の合計額）の集積です。シンプルにいえば、GDPは国家レベルの「儲け」で、GDPの動きを追っていくことで、その国内でどれだけの儲けが増減しているのか、つまり、国全体の経済状況の良し悪しを確認することができます。図表3－8は、世界経済（GDP）の推移を示したグラフで、長期的に成長を続けていることが分かります。

持続的な「世界経済の成長」から果実を得るという発想の資産運用とは、世界のGDPと連動するような資産に投資することで、長期的な成長の「果

図表3－8　世界経済（GDP）の推移と予測（1985〜2028年）

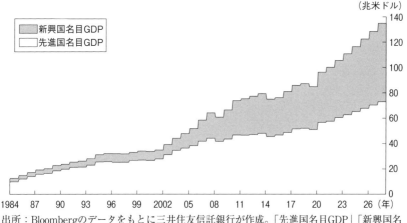

出所：Bloombergのデータをもとに三井住友信託銀行が作成。「先進国名目GDP」「新興国名目GDP」：IMF "World Economic Outlook Database, April 2023"（推定値を含む、米ドルベース）、期間：1985〜2028年（2023年以降は予測）

実」を得るというものです。

　このグラフは過去の実績であり、これから投資をスタートする、もしくは投資を今まさに行っている方々にとっては、「今後も世界経済（GDP）の成長が続いていくのか」ということがポイントになります。

　そこで、GDPを以下のように分解して考えてみます。

　　GDP＝①人口×②１人当たりのGDP

　まず、①の人口に関しては、日本の人口は少子高齢化で減少していますが、世界的には、今後も当面は人口が増加していく見込みです（図表３－９）。

　また、②の１人当たりのGDPは、ザックリいうと「生産性」ということ

図表３－９　世界人口の推移と予測

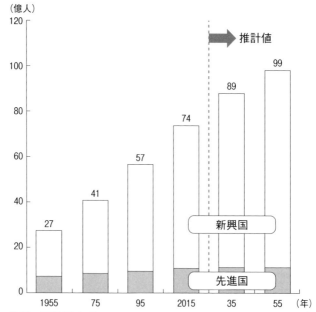

出所：国際連合「World Economic Outlook Database, April 2023」
　　　のデータをもとに三井住友信託銀行が作成。ただし、2021〜
　　　2024年の各値については、「World Population Prospects：The
　　　2022 Revision」のデータをもとに三井住友信託銀行が作成。
　　　期間：1955〜2055年（2035年・2055年は予測）

になります。生産性を高めるには、例えば、工場であれば、最新の生産設備の導入などがあります。また、従業員が、これまでになかったアイデアやビジネスを考えつくことで、より付加価値の高い生産活動となるように、従業員自身のリスキリング（学び直し）に投資するという方法（人的資本への投資）もあります。いずれにしても、人類は、これまでのさまざまな環境を乗り越え、知恵と工夫で技術革新を行い、長期的には成長を遂げてきています。このように考えますと、今後も世界経済の成長が継続する蓋然性は高いと見込まれますので、短期的な市場変動に一喜一憂することなく「長期的な目線で世界経済の成長に沿って自身の資産も成長させていく」という発想の資産運用が有効となります。

⑷ 「世界経済の成長」に沿った資産、その代表は「株式」と「債券」

それでは、世界経済の成長に沿って自分の資産も成長させていくためには、具体的にどのような資産に投資をすればよいでしょうか。代表的なものとして「株式」「債券」があります。

「株式」は、株式会社が資金を調達するために発行するものです。株式に資金を投じることで、その株式会社の経済活動を支えることにつながります。「債券」とは、資金を必要とする国や地方公共団体、企業などが資金を借り入れるために発行するものです。国が発行する「国債」、地方公共団体が発行する「地方債」、企業が発行する「社債」などがあります。国債に資金を投じることで、国の将来的な発展につながりますし、社債に資金を投じることで、企業の経済活動を支えることにつながります。

私たち一人ひとりの資金を「株式」や「債券」に投じることが、経済を下支えし、その結果、経済が成長する（例えば、国が豊かになる、企業が成長する）ことで、資金の出し手であった私たち一人ひとりがその恩恵を受け取ることにつながります。

図表3－10は、1985年1月から「世界株式」「世界債券」「分散投資（世界

図表３－10　世界経済（GDP）の推移（1985～2028年）と世界債券・世界株式の動き（1985年１月～2023年８月）

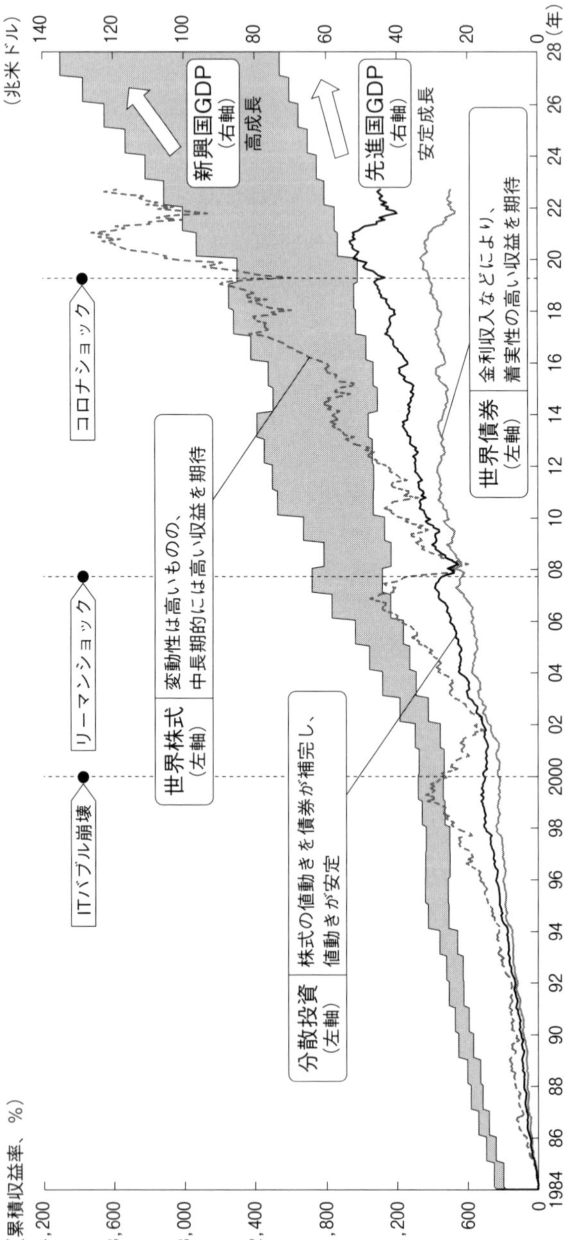

（累積収益率、％）
4,200
3,600
3,000
2,400
1,800
1,200
600
0
（兆米ドル）
140
120
100
80
60
40
20
0
1984
86
88
90
92
94
96
98
2000
02
04
06
08
10
12
14
16
18
20
22
24
26
28（年）
ITバブル崩壊
リーマンショック
コロナショック
新興国GDP（右軸）
高成長
先進国GDP（右軸）
安定成長
世界株式（左軸）
変動性は高いものの、中長期的には高い収益を期待
分散投資（左軸）
株式の値動きを債券が補完し、値動きが安定
世界債券（左軸）
金利収入などにより、着実性の高い収益を期待

出所：Bloombergのデータをもとに三井住友信託銀行が作成。「先進国名目GDP」「新興国名目GDP」：IMF "World Economic Outlook Database, April 2023"（推定値を含む、米ドルベース）、期間：1985～2028年（2023年以降は予測）、「世界債券」：FTSE世界国債インデックス（含む日本、米ドルベース）、「世界株式」：MSCIオール・カントリー・ワールド・インデックス（グロス、米ドルベース、1987年まではMSCIワールド・インデックスを使用）、「分散投資」：世界株式３：世界債券７の比率の合成指数（分散投資の一例として掲載）、いずれも1984年12月末からの累積収益率、期間：1985年１月～2023年８月

図表 3 −11　GPIF（年金積立金管理運用独立行政法人）の基本ポートフォリオ

		国内債券	外国債券	国内株式	外国株式
資産構成割合		25％	25％	25％	25％
乖離許容幅	各資産	± 7％	± 6％	± 8％	± 7％
	債券・株式	±11％		±11％	

出所：GPIF（年金積立金管理運用独立行政法人）のホームページ

株式3：世界債券7の比率）」に投資をし、その後、それぞれの累積リターン
が何パーセントになったかを示した折線グラフと、図表3−8の世界の
GDPの推移を表した面グラフを重ねて示したものです。短期的には、値上
がりする年も値下がりする年もありますが、長期的には世界株式と世界債券
に分散投資したグラフがGDPと同じように成長してきていることが分かり
ます。

　例えば、我が国の公的年金の資産運用を担っているGPIF（年金積立金管理
運用独立行政法人）の長期的な運用方針（基本ポートフォリオ）は、図表3−
11のとおり公表されています。その投資対象資産と投資割合は、「国内債券
25％」「外国債券25％」「国内株式25％」「外国株式25％」となっており、国
内外の株式と債券に分散投資していることが確認できます。

コラム⑤　「持続可能な開発目標（SDGs）」なんて、自分には関係ない？

　持続的な「世界経済の成長」から果実を得るという発想の資産運用
は、私たち一人ひとりにも関係する公的年金や企業年金だけでなく、プ
ロフェッショナルではない個人投資家にも活用可能なものです。
　国内外で「持続可能な開発目標（SDGs）」という考え方がクローズ
アップされてきており、世界の人々が今後も地球上で安定して暮らし続
けていくために、現状の課題を洗い出し、解決に向けたさまざまな活動

が行われています。SDGsの開発目標を象徴する17色のカラフルなバッジをみたことがある人も多いのではないかと思います。

　「SDGsへの取組み」といっても、どこか「自分事」と感じられない方もいらっしゃるかもしれませんが、私たち一人ひとりにも関係する公的年金や企業年金だけでなく、プロフェッショナルではない「個人投資家」にも重要な、**持続的な「世界経済の成長」から果実を得るという発想**の“肝”は「世界経済の長期的な成長」ですので、こういった観点からも「SDGsへの取組み」は、私たち一人ひとりも「自分事」として取り組むべきものであることが分かります。

「趣味としての投資」で収益を獲得する技法を知ろう！

(1) 持続的な「世界経済の成長」から果実を得るという発想の資産運用を実践する際の「リターン」「リスク」の概念とは？

このような資産運用を実践するにあたって有用となる「リターン」や「リスク」という概念についての説明から始めます。日常的にもさまざまな場面で用いられますので、これらの言葉から連想するイメージは人それぞれかと思いますが、資産運用では、次のように定義されています。

・**リターン**：投資対象となる資産を保有することによって得られる「収益率」または「平均的な収益率」

・**リスク**：投資対象となる資産によって得られる収益率（リターン）の平均的な「振れ幅」

図表3－12　リスクとリターンの関係（イメージ図）

出所：三井住友トラスト・資産のミライ研究所

代表的な投資対象資産を長期的に保有することで期待される「平均的な収益率」である「リターン」と「リスク」は、一般的に「正の相関」があることが知られています（図表3-12）。

　図表3-12からも分かるとおり、「リスクが小さく、リターンは大きい」というような資産は存在しません。このことを覚えておけば、「ここだけの話だが、リスクなしに儲かる資産がある。投資してみないか？」という誘いを受けても、この「正の相関」から外れていますので、「そんなうまい話があるはずがない！」と、冷静に判断して断ることができます。

(2)　「債券」や「株式」といった「投資対象資産」の「リターン推移のグラフ」は、どのような形状になるのか

　先ほどの図表3-12で、「投資対象資産」のリターンとリスクには「正の相関」があるという話をしましたが、この縦軸の「リターン」は、長期的に保有した場合に得られるであろう（1年当たりの）「期待リターン」ということです。

　株式や債券に長期投資をした場合に得られるリターンの期待値が一般的には「正」となるということは、世界経済の成長に沿って、長期的には「右肩上がり」のカーブになるという考え方からも理解することができます。

　このように、株式は「ハイリスク　ハイリターン」、債券は「ローリスクローリターン」といわれる場合に、これらに対応する「累積リターンの推移」はどのような形状になるでしょうか。結論から申し上げますと、図表3-13のようなグラフになると考えられます。

　「株式」のように、短期的な振れ幅（リスク）が大きいものは、長期的に上昇する場合の1年当たりのリターンは相対的に大きくなります（図表3-13の右側グラフ）。「債券」のように、短期的な振れ幅（リスク）が小さいものは、長期的に上昇する場合の1年当たりのリターンは相対的に小さくなります（図表3-13の左側グラフ）。

　いずれの場合も、「リターン」として期待するのは、この「点線グラフ」

図表 3 −13　累積リターンの推移（イメージ図）

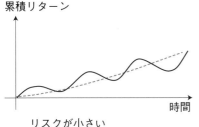
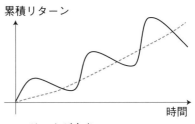

累積リターン
時間
リスクが小さい
→価格の振れ幅が小さい場合、
　得られる成果も小さくなる傾向

累積リターン
時間
リスクが大きい
→価格の振れ幅が大きい場合、
　得られる成果も大きくなる傾向

出所：三井住友トラスト・資産のミライ研究所

のような傾向線が右肩上がりで上昇していく、その（1年当たりの）リターンということになります。「短期的な振れ幅（リスク）」の「波型のグラフ」の「安いところで投資して、高いところで売却する」という話をしているわけではありませんので、その点によく注意する必要があります。

　このように考えますと、**持続的な「世界経済の成長」から果実を得るという発想の資産運用の要諦は、これらグラフに表されるような「短期的な振れ幅」をできるだけ抑制しながら、長期的に上昇していくリターンのカーブ（点線グラフ）を継続的に獲得していくことであるといえます。これを実践する"術"が「長期」「分散」という考え方**です。

　ここまでご説明してきて初めて「長期」「分散」という考え方が出てきましたが、「積立」という話は、まだ、出てきません。投資のポイントは「長期、分散、積立」といわれるように、それぞれがポイントであることには違いないのですが、ワンセットの概念ではありません。違ういい方をしますと、積立投資ではなく「一括投資」でも「長期、分散」は重要な概念です。

　積立投資の場合には、むしろ、開始直後は「株式」中心のハイリスク運用で、徐々に「債券」中心の運用に変化させていったほうが合理的であるケースもありますので、「長期、分散」は「一括投資」の場合のほうが重要な概念といえるようにも思えます。この点について、詳しくは第5章で説明いた

します。

「ハイリスク　ノーリターン」と「ローリスク　ノー
リターン」の投資対象資産もある？

　「リスク」と「リターン」の関係を表すグラフで、図表3－14、図表
3－15のようなグラフを目にすることがあります。

　図表3－14を「ハイリスク　ハイリターン」、図表3－15を「ローリ
スク　ローリターン」というように説明しているケースがありますが、
"ある程度"市場が効率的であれば、「プロフェッショナル」ではない個
人投資家が投資タイミングを見極めることは困難であると考えるほうが
合理的でしょう。

　これらのグラフはどちらも点線グラフが横ばいとなっており、「長期
的に上昇が見込める」というグラフにはなっていません。したがって、
このような値動きをする資産に、プロフェッショナルではない「個人投

図表3－14　「ハイリスク　ノーリターン」となる価格推移──投資タイミン
　　　　　グを見極められない場合（イメージ図）

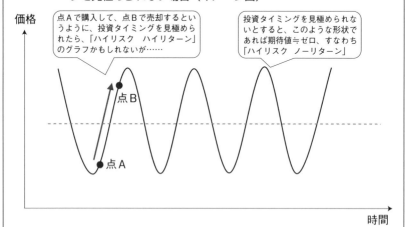

出所：筆者作成

図表 3 −15 「ローリスク　ノーリターン」となる価格推移──投資タイミングを見極められない場合（イメージ図）

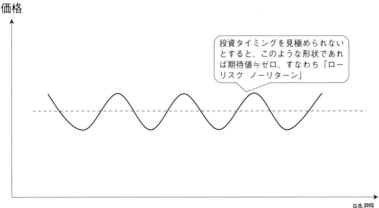

価格

投資タイミングを見極められないとすると、このような形状であれば期待値≒ゼロ、すなわち「ローリスク　ノーリターン」

時間

出所：筆者作成

資家」が投資すると、そこから期待できる成果は、図表 3 −14であれば**「ハイリスク　ノーリターン」、図表 3 −15であれば「ローリスク　ノーリターン」**ということになります。

　これは「いい悪い」という話ではありませんので、このような投資対象であるということを理解したうえで、「カジノ」や「宝くじ」のように「楽しみとして取り組む」のであれば問題はないと考えます。

　しかしながら、本書で述べてきているように、プロフェッショナルではない「個人投資家」が「マネープランとしての投資」を念頭に置くならば、相応しくない投資対象となります。

　さらにいえば、図表 3 −12のようなグラフで、「株式はハイリスク　ハイリターン」「債券はローリスク　ローリターン」と、リターンとリスクには「正の相関」があるという説明をしながら、図表 3 −14や図表 3 −15のグラフで「ハイリスク　ハイリターン」と「ローリスク　ローリターン」を示しているような場合は、説明している側が、投資スタイルと紐づけるかたちで「リスク」「リターン」の概念を整理して理解し

ていない場合かもしれません。

　金融機関やファイナンシャル・アドバイザーの方々はプロフェッショナルだからと、その説明を鵜呑みにするのではなく、疑問点があれば、遠慮することなく一つひとつ確認してみることをお勧めします。そのうえで、納得感のある説明があれば、その点において信頼できる「アドバイザー」といえるでしょうし、説明がシドロモドロになるようであれば、少なくともパーソナルファイナンス分野における「投資」という観点では、その「アドバイザー」の意見だけではなく、セカンドオピニオンをとることも検討したほうがよいのかもしれません。

(3)　持続的な「世界経済の成長」から果実を得るという発想の資産運用に相応しい「分散投資」と「長期投資」

　持続的な「世界経済の成長」から果実を得るという発想の資産運用の要諦は、図表3−13のグラフに表されるような「短期的な振れ幅」を抑制しつつ、長期的に上昇していくリターンのカーブ（点線グラフ）を継続的に獲得していくことであり、これを実践する"術"が「長期」「分散」という考え方になります。

　折角、上昇すると考える資産に投資するのだから、それと異なる動きをする資産に一緒に投資すると、想定どおり資産が上昇したときに「儲け損ねる」という話をする人もいます。ここまでお読みいただいている皆様はお分かりかと思いますが、これは「投資タイミングを見極められる」というスタンスをとる場合の話ですから、その投資判断に強い確信があるということでしたら「分散投資は不要」と判断するのも合理的だといえます。

　その一方で「お金を儲けること自体は目的でもないし、仕事でもない」という多くの「個人投資家」にとって、より相応しい投資スタイルは「世界経済の成長に沿った果実を得ていくこと」です。「分散投資」に意味があるかないかという表面的な議論には意味がなく、投資スタイルと紐づけて、どう

いう効果を期待するか、その効果が蓋然性高く見込めるかという視点が大切で、そういう思考形態のクセをつけておけば「投資」に関するさまざまな論争のエッセンスを理解しやすくなります。

(4) 持続的な「世界経済の成長」から果実を得るという発想の資産運用を実践する"術"——「投資対象の分散」と「分散投資の効果」

1つ目の「分散投資」について確認していきます。ここでいう「分散投資」とは、ザックリいいますと、投資対象を複数の資産や地域などに分けることです。投資をしている資産のうち1つが下落した場合でも、他の資産の価格が維持もしくは上昇していれば、資産全体の振れ幅を安定化させることにつながります。

本当に、資産運用の世界で、そのような効果が期待できるのか、まず、過去のデータで確認してみましょう。図表3－16は、日本の債券と株式、海外の債券と株式という4種類の資産にバラバラに投資をした場合と、4つの資産に均等に投資をした場合の運用成果を1年ごとに並べたものです。

右側2つが株式、左側の2つが債券のグラフで、グラフの形状を眺めるだけでも、債券より株式のほうが結果のバラつきが大きいことをみてとることができます。そのブレを統計的な数字で表したものが「標準偏差」ですが、過去のデータから計算してみますと、例えば、国内債券は3.0％、国内株式は18.7％というように株式のほうが大きくなっていることを数字でも確認できます。では、4つの資産に均等に投資した「4資産分散」のグラフはどうでしょうか。均等に投資したものなので、4つの資産の「標準偏差」を加えて4で割ってみますと、(3.0％＋18.7％＋10.0％＋18.6％)／4＝「12.6％」という結果となります。

その一方で、「4資産分散」の実際の運用結果から「標準偏差」を計算してみますと、図表3－16に記載のとおり、「9.5％」となっています。この数字は、単純に4で割った「12.6％」よりも小さくなっています。これが「値

図表 3−16　投資資産ごとの収益率

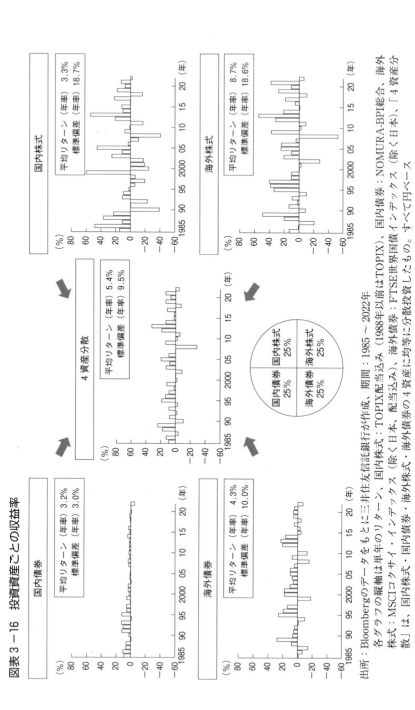

出所：Bloombergのデータをもとに三井住友信託銀行が作成、期間：1985〜2022年
各グラフの縦軸は単年のリターン、国内株式：TOPIX配当込み (1988年以前はTOPIX)、国内債券：NOMURA-BPI総合、海外
株式：MSCIコクサイ・インデックス (除く日本、配当込み)、海外債券：FTSE世界国債インデックス (除く日本)、「4資産分
散」は、国内株式・国内債券・海外株式・海外債券の4資産に均等に分散投資したもの。すべて円ベース

動きの異なる資産に投資するとリターンの振れ幅が抑制される」、つまり「分散投資の効果」があるということを過去のデータ実績で確認したということにほかなりません。

⑸ 「分散投資」を数式で理解してみる！

ここまで過去の実績から分散投資の効果をみてきましたが、このことは数式でも説明できます。関心のある方は、是非、読み進めてください。

資産(s)と資産(t)という2つの資産に分散投資をするとします。

2つの資産へw_s：w_tずつ投資をした場合、まず、リターン・期待リターンについては、ともに、各資産のリターン・期待リターンを投資割合（ウエイト）で加重平均することで求められます。**リターンは加重平均である。**

$$R_p = w_s \times R_s + w_t \times R_t$$

R_p：ポートフォリオ(P)のリターン

R_s：資産(s)のリターン、R_t：資産(t)のリターン

$$E(R_p) = w_s \times E(R_s) + w_t \times E(R_t)$$

$E(R_p)$：ポートフォリオ(P)の期待リターン

$E(R_s)$：資産(s)の期待リターン、$E(R_t)$：資産(t)の期待リターン

一方で、2つの資産へ投資した際のリスクは「標準偏差」で表されますが、2つの資産を組み合わせる場合、リスクは加重平均では求めることができません。2つの資産の関係性を示す「共分散」「相関係数」を用いて計算しますが、結論からいいますとリスクは加重平均とはなりません。**リスクは加重平均ではない。**

① 分散・標準偏差

分散は、リターンR_pの、平均リターン$E(R_p)$からの"乖離幅"の二乗の平均値。標準偏差は、分散の（正の）平方根

《定義（分散）》 $V(R_p) = E[\{R_p - E(R_p)\}^2]$

《定義（標準偏差）》 $\sigma(R_p) = \{V(R_p)\}^{1/2}$

② 共分散

　　2つの資産それぞれの、平均リターンからの乖離幅（マイナスあり）を乗じたものの平均

→資産 s が平均から下方乖離するときに、資産 t が平均から上方乖離しやすい場合、マイナス値になりやすい

《定義》　$\mathrm{Cov}(R_s, R_t) = E[\{R_s - E(R_s)\}\{R_t - E(R_t)\}]$

③　相関係数

　　共分散を、それぞれのリスクで除したもの（－1以上1以下の値）

《定義》　$\rho(R_s, R_t) = \mathrm{Cov}(R_s, R_t) / \{\sigma(R_s)\,\sigma(R_t)\}$

④　ポートフォリオの分散・標準偏差

　　①～③より、以下の関係が成り立ちます（証明は⑤を参照）。

$$\{\sigma(R_p)\}^2 = E[\{R_p - E(R_p)\}^2]$$
$$= w_s^2 \sigma_s^2 + w_t^2 \sigma_t^2 + 2w_s\, w_t \rho(R_s, R_t)\, \sigma(R_s)\, \sigma(R_t)$$

　　$\rho(R_s, R_t) = 1$ のときは $\sigma(R_p)$ が資産 s, t の標準偏差の加重平均となります。

⑤　ポートフォリオの分散の計算式

$$\{\sigma(R_p)\}^2 = E[\{R_p - E(R_p)\}^2]$$
$$= E[\{w_s R_s + w_t R_t - E(w_s R_s + w_t R_t)\}^2]$$
$$= E[\{w_s\{R_s - E(R_s)\} + w_t\{R_t - E(R_t)\}\}^2]$$
$$= w_s^2 E[\{R_s - E(R_s)\}^2] + w_t^2 E[\{R_t - E(R_t)\}^2]$$
$$\quad + 2\, w_s\, w_t\, E[\{R_s - E(R_s)\}\{R_t - E(R_t)\}]$$
$$= w_s^2 \sigma_s^2 + w_t^2 \sigma_t^2 + 2\, w_s\, w_t\, \mathrm{Cov}(R_s, R_t)$$
$$= w_s^2 \sigma_s^2 + w_t^2 \sigma_t^2 + 2\, w_s\, w_t \rho(R_s, R_t)\, \sigma(R_s)\, \sigma(R_t)$$
$$= (w_s \sigma_s + w_t \sigma_t)^2 - 2\, w_s\, w_t \{1 - \rho(R_s, R_t)\}\, \sigma(R_s)\, \sigma(R_t)$$

　　$\rho(R_s, R_t) = 1$ のとき、「$\sigma(R_p) = w_s \sigma_s + w_t \sigma_t$」となります。

　　また、$-1 \leqq \rho(R_s, R_t) \leqq 1$ であることから、一般に「$\sigma(R_p) \leqq w_s \sigma_s +$

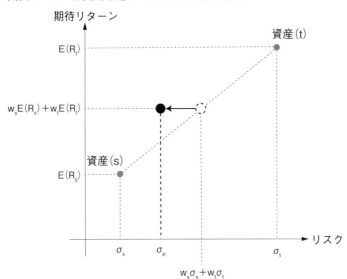

図表3－17 「分散投資」によるリスク低減効果

出所：筆者作成

$w_t \sigma_t$」となることが分かります（分散効果）。

　したがって、低リスク低リターンの資産(s)と、高リスク高リターンの資産(t)に投資すると、図表3－17のとおり、縦軸の期待リターンは加重平均となりますが、横軸のリスクは、2点を結んだ線上の値よりも小さくなります（○→●）。

　唯一、リスクが線上にくるのは、2つの資産の相関係数が1のとき、つまり2つの資産がまったく同じ値動きをするときはリスクも加重平均となります。それ以外の場合は「ポートフォリオのリスク（標準偏差）」は「それぞれの資産のリスク（標準偏差）を加重平均したもの」よりも小さくなります。

「賭けの分散」と「資産や地域の分散」

「投資の基本」としては「卵は1つのかごに盛るな」という格言が有名ですし、値動きが違うもの（数学的には相関係数が1でないもの）に投資すれば、ポートフォリオ全体のリスクは個別のリスクの加重平均よりも小さくなります。日本株という同じカテゴリーの銘柄、FX、明日の天気であろうが、動きの違うものであれば分散投資の効果があるといえばあります。

「プロフェッショナルとしての投資」で「a％儲かる確率が p 、a％損をする確率が q（q＝1－p かつ p＞q）となるような投資機会」を見極める力があるとすれば、この勝負に1回だけ参加する場合の期待値は**a％×p－a％×q＝a％×(p－q)＞0**で、同様の投資機会が沢山あればあるほど、高い確率で「a％×(p－q)」程度の収益が得られる、と述べました。

「投資機会が沢山あればあるほど」というのは、例えば、日本株への投資で、このような会社を1,000銘柄、選定することができれば、そのポジションから得られる期待利回り（％）は、a％×(p－q)にかなり近づくでしょう（「大数の法則」）。このことは「賭けの分散」の効果ともいえます（もちろん、確実に勝てるという銘柄が1つあるのならば1,000銘柄分の資金をその銘柄に投資するのも合理的でしょう）。ヘッジファンドの「ロングショート戦略」のマネージャーで、このような「賭けの分散」を図って、自分自身の「投資機会」を見極める能力を再現性高く獲得するアプローチをとるケースもあります。

このような考え方は、身近なことでいえば「サイコロを1回振れば、その結果、6が出る回数は1回かゼロ回しかないですが、6,000回振れば6は大体1,000回ぐらいは出るだろう」という話と同じようなものです。この「賭けの分散」の肝はp＞qとなるような「投資機会」の見極め

力ですが、プロフェッショナルではない投資家の場合は、手数料も考えますと、むしろp＜qの「投資機会」しか見つけられないことになり、回数が増えれば増えるほど「大数の法則」に従い、「ほぼ確実に負ける」ことになります。

　「世界経済の成長」から果実を得るという資産運用を実践する“術”の1つとして「分散投資」では、「世界経済の成長」が反映される投資対象の範囲で分散することで、その成長に沿った果実を得ようとするものですから、この資産運用で必要となる分散は、「賭けの分散」ではなく、世界全体をカバーするような「資産や地域の分散」であり、「株式と債券、国内と海外への分散」が基本となります。

(6)　持続的な「世界経済の成長」から果実を得るという発想の資産運用を実践する“術”──「長期投資の効果」

　2つ目の「長期投資」について確認していきます。「長期投資」とは「時間を味方につけて投資をする」ことといわれています。分散投資をすることで運用資産全体のリターンの振れ幅を安定化させることができることを確認しましたが、図表3−16の4つの資産に均等に投資する「4資産分散」の場合でも、1年間の投資では相応の「振れ幅」が生じていることが分かります。

　「分散投資」に加えて「長期投資」を行うと、（1年当たりの）リターンの振れ幅をさらに安定化させることができるといわれています。では、保有期間によって、どの程度、（1年当たりの）リターンの振れ幅を抑制できるのかを過去のデータ実績から確認してみましょう。「4資産分散」の場合の保有期間別の（1年当たりの）リターンを比較したものが図表3−18です。

　保有期間1年の場合、投資を始めたタイミングによって、最大値（32.0%）と最小値（−28.6%）には大きな違い（振れ幅60.6%）があることが分かります。保有期間を5年、10年と延ばすと振れ幅はどうなるでしょうか。

図表 3 − 18　4 資産へ分散投資した場合の保有期間別　年率リターンの比較（1985〜2022年）

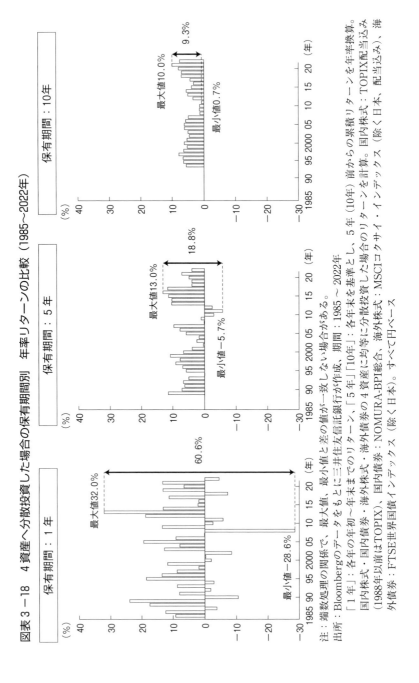

注：端数処理の関係で、最大値、最小値と差の値が一致しない場合がある。
出所：Bloombergのデータをもとに三井住友信託銀行が作成、期間：1985〜2022年
　　「1年」：各年の年初〜年末までのリターン、「5年」「10年」：各年末を基準とし、5年（10年）前からの累積リターンを年率換算。
　　国内株式・国内債券・海外株式・海外債券の4資産に均等に分散投資した場合のリターンを計算。国内株式：TOPIX配当込み
　　（1988年以前はTOPIX）、国内債券：NOMURA-BPI総合、海外株式：MSCIコクサイ・インデックス（除く日本、配当込み）、海
　　外債券：FTSE世界国債インデックス（除く日本）。すべて円ベース

保有期間5年では「最大値が13.0%、最小値が−5.7%で振れ幅は18.8%」、保有期間10年であれば「最大値が10.0%、最小値が0.7%で振れ幅は9.3%」と、保有期間を長くすると振れ幅が安定してくることが分かります。

このように投資期間を長くすることで、（1年当たりの）リターンの振れ幅を抑制して安定化させることができます。

図表3−10の「分散投資」のグラフ（株式3：債券7）は、GDPに連動するようなかたちで、株式より振れ幅を抑制しつつ債券より高いリターンを実現してきていることが確認できます。

コラム⑧ 「長期投資」というけれど、どの程度の期間ならば「長期投資」といえるのか

「長期投資」というけれど「どれぐらいを長期と考えれば儲かるのか」という質問を受けることがあります。先ほどのように、過去のデータから「5〜10年」であれば、「振れ幅」がかなり抑制され、（1年当たりの）リターンもプラスとなるケースが増えていくことを確認する方法があります。

さまざまな資産の過去のデータを時系列に従って長期間、揃えていな

図表3−19　GPIF（年金積立金管理運用独立行政法人）が想定する期待リターンとリスク

【期待リターン（名目リターン）】

短期金利	国内債券	外国債券	国内株式	外国株式
0.6%	0.7%	2.6%	5.6%	7.2%

【リスク（標準偏差）】

	国内債券	外国債券	国内株式	外国株式	賃金上昇率
標準偏差	2.56%	11.87%	23.14%	24.85%	1.62%

出所：GPIF「基本ポートフォリオの変更について（詳細）」（2020年）

い場合でも、中長期的な経済成長の果実を得ることを想定して設定されている「期待リターン」と「リスク」の水準を手掛かりに考えてみる方法もあります。

GPIF（年金積立金管理運用独立行政法人）は、基本ポートフォリオを策定する際の前提条件として国内外の債券と株式の期待リターンとリスクを、図表3−19のとおり公表しています。

例えば、内外株全体に投資する場合の期待リターンとリスクをザックリと、リターンは「年率7％」、リスクは「年率20％」と置いてみることにします。この場合、投資期間が1カ月であったとしたら、リターン（月次）は0.6％程度となります。

リスクについては、一般的に、n期間のリスク（標準偏差）は各期間のリターンに時系列相関がない場合は単期間のリスク（標準偏差）の$n^{(1/2)}$倍になります。この前提を置くと、**リスク(年率)＝$12^{(1/2)}$×リスク(月次)**という関係になるため、

リスク(月次)＝20％÷$12^{(1/2)}$＝6％程度

と評価できます。

そう考えますと、「期待リターン」の10倍程度のリスクがあることになり、1カ月程度の投資期間では「単に値動きのある資産」とみなしたほうがよいといえそうです。

このように、期待リターンがリスクに対して無視したほうがよさそうな程度にしかならない期間ならば「短期」とみなしたほうがよいでしょうし、期待リターンがリスクに対して相応の大きさになる期間であれば「中長期」と考えてよいでしょう。

先ほどの前提で、5年、10年の場合の「（1年当たりの）リスク」はどうなるでしょうか。

5年の場合のリスク＝$5^{(1/2)}$×20％となり、

⇒「（1年当たりの）リスク」＝$5^{(1/2)}$×20％÷5＝8.9％

10年の場合のリスク＝$10^{(1/2)}$×20％となり、

⇒「（1年当たりの）リスク」＝$10^{(1/2)} \times 20\% \div 10 = 6.3\%$

と評価でき、5～10年ぐらいの投資期間があれば、中長期的に期待できるリターン（年率7％）に対して、「（1年当たりの）リスク」は、その前後の値ぐらいまで低下していくことが分かります。

　リターン（年率）が正規分布に従うとすれば、この程度の期間があれば、モンテカルロシミュレーションなどで検証してみても「7～8割程度の確率でプラスリターンとなる」と推計されますので、5～10年程度あれば「中長期」と考えてよさそうに思えます。そうはいっても、「2～3割程度の確率ではマイナスリターン」となるということですので、そこが気になる場合は、株式インデックスへ100％投資するときの「中長期」というのは「10～15年程度」とイメージしておけばよいのではないかと考えています。

コーヒー
ブレイク　④　**「長期投資」と「分散投資」は両立してこそ！**

　「はじめに」でも記載しましたが、私自身は商売人の家に育ち、毎日、短波ラジオで株価が流れ、リビングにはいつも四季報がありました。そんなことで、ごく自然なかたちで学生時代から個別株投資を始め、大学院まで行って（当時の）住友信託銀行に入社したのが1989年4月でした。

　その後、インサイダー取引の関係で「個別株の売買」をすることが困難になり、結果的に学生時代に保有していた株式は「20年以上」放置することとなりました。最後は、自分自身のライフイベントに合わせて売却することになりましたが、**「20年以上」の長期投資であったにもかかわらず半額以下での処分**となりました。親の世代から「株と不動産は買ったら、ほったらかしでもそのうち倍になる」と教えられて育ちましたが、私自身は見事に半額以下となってしまいました。資産運用ビジネ

スに携わるようになる前は「聞いていたのと違う」と感じていましたが、冷静に考えますと、私のポジションは長期投資とはいえ日本株のみへの投資で、しかも、入社した1989年は日経平均が最高値を付けた年でもあり、「長期投資」とはいえ、投資対象の分散もせず、高値つかみのポジションであったということです。**「長期投資」と「分散投資」は両立してこそで、どちらか一方ではリスクが大きい**ということを、この投資で身に染みて感じました。

　少し余談になりますが、大学に入学してすぐに渋谷区広尾の塾でアルバイトを開始しました。アルバイト先の先生から「塾の前にマンションができるよ。これから4年、大学院までなら6年、家賃を払うぐらいならワンルームマンションを買っておけば？」とアドバイスを受けました。私は「大学院に行くかどうか分からないし、そんなお金もないですし」と購入は見送りました。そのときが1983年、結局、大学院までいって1989年に社会人になりましたが、思い返すと、入学して数年の間は2,000万〜3,000万円ぐらい出せば広尾の新築ワンルームマンションを購入できたと記憶しています。1989年、バブル絶頂期に就職する際、広尾の中古マンションは5,000万〜6,000万円ぐらいになっていたのではと思いますので、私自身の一番大きな「投資判断ミス」は、「広尾のマンション購入」を見送ったことかもしれません。

第7節 「タイミング分散」という考え方を知ろう！

(1) 「投資タイミングの分散」と「売却タイミングの分散」

　持続的な「世界経済の成長」から果実を得るという発想の資産運用を実践する"術"として「長期、分散」を取り上げ、公的年金や企業年金の資産運用でも土台となっている考え方であると同時に、プロフェッショナルでない「個人投資家」も活用できるものであると述べました。

　しかしながら、投資経験のない「個人投資家」の場合、頭の中で理屈を理解しただけで長期投資を実践していけるかというと、それほど簡単ではありません。

　心理面でのハードルがあることも確かです。例えば、折角、「長期、分散」と納得して投資を開始しても、開始直後に市場が下落して、半年、1年と元本割れが継続してしまう（「高値つかみ」の状態）と、「自分は投資に向いていない」「こんなはずじゃなかった」「だまされたのではないか」などというようなさまざまな思いから、投資が嫌になってやめてしまうということになりがちです。

　だからといって、開始直後の市場下落（高値つかみ）を心配していると、いつまでたっても投資開始のきっかけがつかめないということになりかねません。

　このようなことにならない「工夫」として「投資タイミングの分散」という考え方があります。

　ここでは、タイミング分散を考えるにあたって、まず、リンゴを購入する例でイメージしてみましょう。

　健康のため、毎月3,000円分のリンゴを購入することにします。今月分の

図表3－20　リンゴを購入する場合

	1日目	2日目	3日目	4日目	5日目
リンゴ1個当たりの価格	150円	100円	120円	100円	200円

	購入個数	1個当たりの価格
① 1日目にまとめて購入	20個	150円
② 5日に分けて購入	24個	125円

出所：三井住友トラスト・資産のミライ研究所

　リンゴをそろそろ購入しようと思っていますが、①今日（1日目に）、3,000円分のリンゴをまとめて購入する、②5日間に分けて毎日600円ずつリンゴを購入する、のいずれのほうが安く購入できるでしょうか。

　リンゴの価格は、今日（1日目）から5日後まで図表3－20のように推移したとします。

　この事例では「①1日目にまとめて購入した場合」よりも、「②5日に分けて購入した場合」のほうが、購入単価が安くなっていることが分かります。

　このように単価が安くなるのは、②の方法であれば、価格が高いときには相対的に購入する量が少なくなり、価格が安いときには相対的に購入する量が多くなるためで、1個当たりの価格を引き下げる効果を期待できる購入方法であるといえます。

　図表3－20の価格の推移であれば「2日目（もしくは4日目）にまとめて購入するのがよいのでは？」と思われるかもしれません。しかし、リンゴの価格がいつ一番安くなるかを事前に知るのは難しいかと思います。

　このようなことから、「プロフェッショナルとしての投資」としてタイミングを見極めて投資するのでないならば、「投資タイミングの分散」という方法で、一度に全額投資して「高値つかみ」となってしまわないようにすることで、投資の第一歩を踏み出しやすくするという効果が期待できます。

⑵　どれぐらい「投資タイミング」を分散すればよいのか

　株式や債券に投資する場合に、どれぐらい「投資タイミング」を分散すれ
ばよいのかという質問を受けることがありますが、短期的な価格のブレをあ
る程度、平滑化できればよいと考えます。逆に、この投資タイミングを分散
する期間が長すぎると、折角、投資できる資産があるのに、期待リターンの
低い資産（預金など）に長期間、放置することとなってしまいます。そのよ
うに考えますと、1年程度の期間（長くても2年程度）があればよいと思え
ます。

　例えば、100万円を投資する際に、最初に25万円、3カ月後、6カ月後、
9カ月後に25万円ずつというように、9カ月をかけて、投資タイミングの分
散を図る、というようなイメージです。

　ここで「25万円」の等金額を投資するケースとしましたが、投資タイミン
グを分散するという意味では「40万円、10万円、30万円、20万円」というよ
うな方法もあれば、投資を開始するときに「1口1万円」の投資信託であれ
ば、100万円で100口を購入するということですので、「25口」ずつ4回に分
けて購入していくという方法もありますが、これらの中では「投資タイミン
グ」を見極めることができないという前提ならば、均等買付であるほうが
「投資スタンス」に忠実であるといえます。

　そう考えますと、等金額か、等口数（等株数）か、ということになりま
す。このどちらのほうが合理的であるかという観点では、結論からいいます
と、**購入時は「等金額」、売却時は「等口数（等株数）」が合理的**であるとい
うことになります。

⑶　「投資タイミングの分散」を数式で理解する！

　「投資タイミングの分散」を理解するために、図表3−21のP₁、P₂の各時
点において、

　1)　一定の「金額」ずつ投資を行う場合

図表 3 − 21　価格の推移

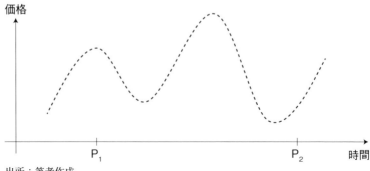

出所：筆者作成

　2)　一定の「株数」ずつ投資を行う場合

で購入単価にどのような差が出るかを考えてみましょう。

①　一定の金額(S)ずつ投資を行う場合…等金額投資の場合

$$\text{購入単価A} = \frac{2S}{\dfrac{S}{P_1} + \dfrac{S}{P_2}} = \frac{2}{\dfrac{1}{P_1} + \dfrac{1}{P_2}} \quad \cdots 調和平均$$

②　一定の株数(n)ずつ投資を行う場合…等株数投資の場合

$$\text{購入単価B} = \frac{P_1 \times n + P_2 \times n}{2n} = \frac{P_1 + P_2}{2} \quad \cdots 相加平均$$

購入単価 B − 購入単価 A

$$= \frac{P_1 + P_2}{2} - \frac{2}{\dfrac{1}{P_1} + \dfrac{1}{P_2}}$$

$$= \frac{1}{2\left(\dfrac{1}{P_1} + \dfrac{1}{P_2}\right)} \left[(P_1 + P_2)\left(\dfrac{1}{P_1} + \dfrac{1}{P_2}\right) - 4 \right]$$

$$= \frac{1}{2\left(\dfrac{1}{P_1} + \dfrac{1}{P_2}\right)} \left[\frac{P_2}{P_1} + \frac{P_1}{P_2} - 2 \right]$$

$$= \frac{1}{2\left(\dfrac{1}{P_1} + \dfrac{1}{P_2}\right)} \left[\frac{P_1{}^2 + P_2{}^2 - 2P_1P_2}{P_1P_2} \right]$$

$$= \frac{1}{2\left(\dfrac{1}{P_1} + \dfrac{1}{P_2}\right)} \left[\frac{(P_1 - P_2)^2}{P_1P_2} \right]$$

$$\frac{1}{2\left(\dfrac{1}{P_1} + \dfrac{1}{P_2}\right)} \left[\frac{(P_1 - P_2)^2}{P_1P_2} \right] \geqq 0$$

　となるため、「購入単価B」≧「購入単価A」

　つまり、このケースでは購入単価Bよりも購入単価Aのほうが安くなりますので、購入の際は「一定の金額ずつ」のほうがお得です。P_1、P_2、…P_nとタイミング分散の回数を2回よりも多くしても、（調和平均）≦（相加平均）となりますので、同様の結果が得られます。

　一方で、保有している投資資産をタイミング分散で売却をする場合はどうでしょうか。

　投資を開始した後、当初に想定していたとおりの価格上昇があったとしましょう。「プロフェッショナルとしての投資」として、当初から「利食い」ラインを定めて、そこに到達すれば躊躇なくポジションを解消することができればよいのですが、投資経験が浅い「個人投資家」の場合、収益が出たら出たで「折角、儲かっているし、まだ、上昇するような気がする」と考えて売却をためらい、その後、少し下落してくると「ちょっと前は、もう少し高かったのに」となり、そのうち、投資元本割れにでもなると「塩漬け状態」になってしまう、ということになりがちです。

　そう考えますと、プロフェッショナルではない個人投資家にとっては、

「売却タイミングの分散」という考え方も、活用してみる価値のある手法といえます。

　なお、この場合は、売却単価が高いほうがよいので、「一定の口数（株数）ずつ」売却を行うほうがお得です。

　ここで、改めて確認しておきたいことは、購入するときに単価が安くなる仕組みを、このように算式で示されると「ドル・コスト平均法（等金額ずつ投資する方法）」がいかにも有利な投資手法であるように思えますが、冷静に考えますと、**個人投資家にとっての大きな「意思決定」は、一度に買うよりも「1年程度（長くても2年程度）」に分けて、投資タイミングの分散を図る」ということのほうです。何といっても投資の要諦は「長期、分散」です**ので、たまたま投資タイミングが悪く「嫌になって投資をやめてしまう」、あるいは「投資タイミングを躊躇して、いつまでも投資開始できない」といったこと（いずれも長期投資を妨げるような事態）を回避することが第一の**目的**です。

　そのうえで、買い時を逃さないように、あるいは高値つかみとならないように、「投資タイミング」の分散を図るならば、「等株数」（購入単価は相加平均）よりも「等金額」（購入単価は調和平均）のほうが購入単価は安くなるということです。

　また、売却の場合は、売り時を逃さないように、あるいは底値での投げ売りとならないように、「売却タイミング」の分散を図るならば、「等金額」（売却単価は調和平均）よりも「等株数」（売却単価は相加平均）のほうが売却単価は高くなるということです。

コラム⑨　「積立投資」と「一括投資」のどっちがお得？

　個人型確定拠出年金（iDeCo）やNISA制度（つみたて投資枠）で注目が高まっている「積立投資」について、「ドル・コスト平均法なので安心。株式に投資して放置すればよい」といった話や「ファイナンス理論

では、ドル・コスト平均法を狙った積立投資は合理的でなく、一括投資したほうがよい」といった話を耳にすることがありますが、これらはいずれもある一面を捉えた説明のように思えます。

　前者については、例えば、30年間、株式に積立投資をして「元本割れさえしなければそれでよい」ということならば、それも一理あるでしょう。

　しかしながら、何らかの目的があって長年にわたりコツコツと「積立投資」をするような「マネープランとしての投資」では、「運用リスク」だけでなく、その積立計画が「計画どおりにはならないリスク」も考慮することが必要となります。この両方のリスクを考慮した「積立計画」では、「積立投資の一括投資化」が進むに従って、順調に資産が積み上がっている場合には、徐々に投資性資産の割合を低下させていくことのほうが合理的であると思われます（この点については、第5章で詳しく説明します）。

　後者については、「ドル・コスト平均法が有利だから積立投資をする」のではなく「資金制約があるため積立投資になる」のであり、もともと「一括投資」する資金がない「積立投資」と「一括投資」を比較すること自体は、あまり意味のないことのように思えます。それでも、このような質問が出てくるのは「投資タイミングの分散」と「積立投資」を混同しているからかもしれません。

　「一括投資」できる資産がある場合であれば、それは、本書で説明してきた「投資タイミングの分散」という工夫をするかどうかという話であり、せいぜい1〜2年程度の投資タイミングの分散を図ればよく、「一括投資」できる資金があるにもかかわらず、10年20年かけて「積立投資」していくというのは「合理的ではない投資方法」と考えたほうがよいでしょう。

　また、「積立投資」のほうは「資金制約があるために、そうならざるをえない」ということですが、もし、毎月定額で積立投資をするという

「積立計画」を立てたとしたら、その方法には「ドル・コスト平均法という購入方法がビルトインされているということ」だと考えています。

　「一括投資」できる資金がある場合にもかかわらず、「ドル・コスト平均法が有利だから、積立投資をしましょう」と説明しているように聞こえることがありますが、それは「積立投資」のことなのか、「投資タイミングの分散」のことなのか。こういった点も、金融機関やファイナンシャル・アドバイザーの方々などの説明に疑問があれば、その都度、確認してみたほうがよいと思います。

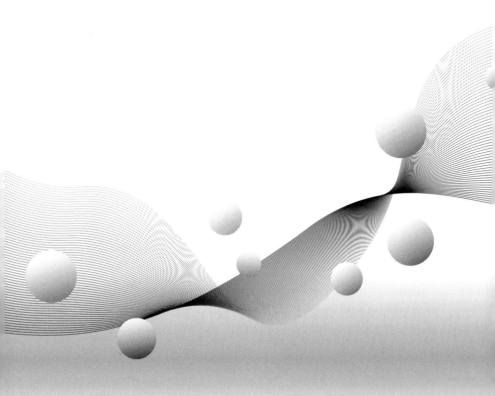

第 **4** 章

「積立投資」「資産活用」の技法
―マネープランとしての 「積立計画・取崩計画」の策定―

〈イントロダクション〉

　金融庁の「顧客本位の業務運営に関する原則」では「顧客のライフプラン等をふまえた目標資産額や安全資産と投資性資産の適切な割合を検討し、それに基づき、具体的な金融商品・サービスの提案を行うこと」とされていますが、**パーソナルファイナンスの分野で「安全資産と投資性資産の適切な割合」を検討する際の「リスク許容度」の考え方のフレームワークが十分に確立されていない状況で、例えば「ゴールベースアプローチ」といった言葉が独り歩きしてはいないでしょうか。証券投資理論、コーポレートファイナンス、機関投資家の資産運用などの研究と比較して、個人の資産形成・資産活用分野における研究面に遅れはないだろうか、**という問題意識があります。

　公的年金・企業年金の資産運用も、当初は理論的な研究が遅れていたものの、1980年代から1990年代にかけて理論面・実践面の骨格が形成され、年金ALM（Asset and Liability Management、資産と負債の総合管理）による政策アセットミクスの策定（資産配分の基本方針）・PDCAサイクルの確立へと発展してきた経緯があります。

　パーソナルファイナンスの分野で、公的年金や企業年金を補完する「自助」による資産形成・資産活用の重要性がますます高まっていることを考え合わせると、年金運用が高度化してきた流れもふまえて、個人の「ライフプランに応じたマネープラン」を体系的に研究し、その成果を「教育内容の改善」「より洗練された商品・サービスの開発」「個人向けのアドバイス業務」に活かしていくような体制整備が望まれます。このことは「顧客本位の業務運営に関する原則」のよりよい実践にもつながっていくはずです。

　第4章では、公的年金や企業年金で培われたノウハウを活用しながら、私たち一人ひとりのライフプランに対応するマネープラン（積立計画・取崩計画）を策定する手法を説明いたします。また、「一括投資」でよく知られている「72の法則」の理論的な裏付けや、「積立計画」や「取崩計画」では、「一括投資」の「72の法則」に対応する法則がどのようになるかについても説明いたします。さらに、このような理論的な説明を行ったうえで、**「マネープラン」の"土台"となる「積立計画・取崩計画」を手軽に作成できるツール**をご紹介いたします。

第1節 「マネープラン（積立計画・取崩計画）としての投資」の全体像をつかもう！

(1) 「積立投資」「資産活用」の技法──「積立計画・取崩計画」の策定

公的年金や企業年金で培われたノウハウを活用しながら、私たち一人ひとりのライフプランに対応するマネープラン（積立計画・取崩計画）を策定する手法について、順を追って説明いたします。

(2) 「貯蓄や積立投資」と「万が一への備え」の関係

本題に入る前に、企業年金の分野で培われたノウハウを活用して、パーソナルファイナンスの分野で、「マネープランとしての投資」を実践する「積立計画・取崩計画」を策定する場合、「万が一への備え」も織り込むべきか、ということが1つの論点になります。その点を考察するにあたって、まず、「資産形成の全体像」における「生命保険・損害保険」の位置付けについて、改めて確認してみます。

「貯蓄や積立投資」と「生命保険・損害保険」はまったく別物のようにみられることもありますが、どちらも「ライフイベントに備える」ための手段という観点では「仲間」と捉えることもできます。また、そのように捉えることで、「貯蓄や積立投資」と「生命保険・損害保険」のそれぞれの特長をふまえて、バランスよく使い分けていくことがイメージしやすくなります。

人生におけるライフイベントには「予測しやすいもの」もあれば「予測しにくいもの」もあります。まずは、私たち一人ひとりが想定するライフイベントをこのような観点で、大きく2つのグループに分けてみましょう。「予測しやすいライフイベント」に対しては「貯蓄や積立投資」で資産形成をし

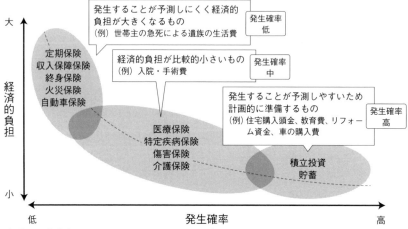

図表 4 - 1　保険でカバーすべきリスク（予測しにくいライフイベント）
　　　　　　（図表 2 - 4 を再掲）

出所：三井住友トラスト・ライフパートナーズ

て対応することが基本となります。一方で、「予測しにくいライフイベント」つまり「発生確率が低いものの、起こると経済的負担が大きいイベント」をカバーするには、保険料を支払うことで、万が一、所定の事態が起こった場合には、大きな保障が得られる「保険」で備えることがマッチしています（図表 4 - 1、図表 2 - 4 の再掲）。

　このように、貯蓄や積立投資だけでなく、予期せぬことへの備えとしては保険も活用することで、より安心なマネープランを描くことができます。

⑶ 「積立計画・取崩計画」に「万が一への備え」を取り込む必要はないのか

　「マネープランとしての投資」における「積立計画・取崩計画」との関係で、この万が一への備えを考えてみますと、「積立計画や取崩計画をつくっているのに、病気になって計画どおりの積立ができなくなるかもしれない、事故で入院することになるかもしれない」ということなどを、どう「積立計

画・取崩計画」に取り込むかということが論点になります。

　確定給付型企業年金であれば、沢山の加入者を群団として捉えて、病気も含めた生存脱退の割合や死亡の割合などを確率的に織り込み、制度全体としての収支が将来にわたって均衡するような「積立計画・取崩計画」を、年金制度の専門家（アクチュアリーや年金数理人）が立てることとなります。

　このことを、私たち一人ひとりの「積立計画・取崩計画」について考えてみますと、それを確率的に織り込むことは得策ではないと考えます。といいますのは、発生しても影響が小さいようなものであれば、日常の収支などの変動の範囲内で吸収できるでしょうし、影響が甚大なもの（例えば、若くして世帯主が死亡する、自動車事故にあう、家が火事になる、といったもの）は確率的に織り込んでも、発生した場合には大幅に資金が不足しますし、発生しなかった場合には、織り込んだ分だけ余るということになってしまいます。

　シンプルな数値例で確認してみますと、若くして「介護状態」となってしまった場合に、公的な保障以外に500万円程度が必要になり、このような状態になる確率は1％だったとしましょう。「介護状態」になって発生する出費の期待値は5万円（＝500万円×1％）なので、この5万円分の出費をマネープランに織り込んだとします。

　私たち一人ひとりが、人生を100回経験できるとしたら、99回は発生せずに1回は発生するというようになるかもしれませんが、人生は1回ですので、確率的には1％でも発生した場合には500万円が必要になるし、発生しない場合は、期待値として織り込んでいた5万円の出費は不要となり、結果的には、そのどちらかしか発生しないということになります。

　いずれにしても「帯に短し襷に長し」の状態にしかならないことが分かります。そこで、このように発生する確率は低くても発生した場合の影響が大きいライフイベントであれば、公的年金などの社会保障制度も考慮したうえで、不足する部分があれば、生命保険や損害保険で備えるという考え方が合理的であるといえるでしょう。

　このような観点もふまえたうえで、**「積立計画・取崩計画」を立てる場合**

には「複雑になりすぎず、かといって汎用性が低すぎることもない」というように、前提とするパラメータの範囲を設定することができるかということがカギになります。

⑷ 「取崩計画」から「積立計画」を策定する基本ステップ

最初のステップは、図表4－2の1.「**取崩計画」の策定**に記載のとおり、退職後の生活水準をふまえて、公的年金等にプラスしたいキャッシュフローを「自助」で準備することを想定することです。

この水準を前提条件とすれば、図表4－2の2.「**取崩開始時」の必要資産額を評価**に記載のとおり、取崩開始時、すなわち、セカンドライフに入る

図表4－2　「取崩計画」から「積立計画」を策定する基本ステップ

---

1 ．「取崩計画」の策定

✓「取崩計画」は、退職後の生活水準を想定し、公的年金等にプラスしたいキャッシュフローを自助で準備するイメージである

✓まず、何歳から何歳までどの程度の水準の年金を「自助」で準備するかを考える

2 ．「取崩開始時」の必要資産額を評価

✓「取崩計画」が策定できたら、その実行のために、取崩開始時に積み立てておくべき「必要資産額」を現価計算の手法で評価する

3 ．「積立計画」の策定

✓「必要資産額」を評価した後、その評価額を積み立てるための「積立計画」を策定する

✓何歳から何歳まで毎月〇万円を「資産形成（貯蓄や投資）」に振り向けることで「必要資産額」を積み立てる、その資産額が確保できたら、「自助」で年金を〇〇万円程度は準備できる、というように、この計画策定の手順を経ることで、「毎月〇万円」の「資産形成（貯蓄や投資）」の意味を「具体的な数字」で確認できる

出所：筆者作成

時点で、どのぐらいの資産を積み立てておけばよいか、その「必要資産額」を現価計算の手法により評価することができます。

「老後必要資金」を賄うための「必要資産額」を評価できれば、図表4－2の3．**「積立計画」の策定**に記載のとおり、その金額を積み立てるためには、何歳から何歳までいくら積み立てればよいかという「積立計画」を策定することができます。

このような手順を踏めば、「取り敢えず毎月○万円で積立投資を始めてみる」というよりも、より納得感をもって「積立投資」を開始することができるようになります。

⑸　基本ステップに対応する現価計算（算出手順）

公的年金等にプラスしたいキャッシュフローを「自助」で準備することを想定して、取崩開始時の「必要資産額」を現価計算する手法は図表4－3の「①式」のとおりとなります。この評価手順は、確定給付型企業年金における「給付現価」算定に当たるステップと同様のものです。

この退職時点の「必要資産額」から、「積立計画」に必要となる毎年の積立額を算出する方法は、図表4－3の「③式」のとおりです。この手順は、確定給付型企業年金における「掛金率算定」に当たるステップと同様のものです。

また、図表4－3の下段には、年齢「t」における「予定積立額L（t）」を評価する算式を記載しています。この算式は、確定給付型企業年金でいえば、積立開始年齢（X歳）から最終年齢（T歳）までの「責任準備金」の将来推移を評価する算式と同様のものといえます。

やや複雑な算式となってしまいましたが、このような算式をグラフにすれば、私たち一人ひとりの「積立計画・取崩計画」を「見える化」することができますし、計画開始後も、その時点で積み上がっている資産額が当初の計画どおりとなっているかどうか、計画との乖離状況を確認していくこともできるようになります。

図表4－3 「取崩計画」から「積立計画」を策定する基本ステップに対応する現価計算（算式）

退職前の平均年収「N」、所得代替率「s」として、退職年齢「R」から最終年齢「T」まで、毎年「s×N」の年金額を取り崩す場合に、退職時の「必要資産額」を「L(R)」とする。
「マネープラン（積立計画・取崩計画）」における予定利率を「i」、現価率v＝1/(1＋i) とする。

◆「必要資産額」を「s×N」から導出すると、

$$L(R) = s \cdot N \cdot (v + v^2 + \cdots + v^{(T-R)}) = s \cdot N \cdot v \cdot (1 - v^{(T-R)})/(1-v)$$
$$= s \cdot N \cdot (1 - v^{(T-R)})/i \qquad \cdots\cdots①$$

退職前の平均年収「N」、資産形成比率「p」として、初期積立額「F_0」に加えて、積立開始年齢「X」から退職年齢「R」まで、毎年「p×N」を積み立てるとする。

◆「必要資産額」を「F_0」と「p×N」から導出すると、

$$L(R) = p \cdot N \cdot \{1 + (1+i) + (1+i)^2 + \cdots + (1+i)^{(R-X-1)}\} + F_0 \cdot (1+i)^{(R-X)}$$
$$= p \cdot N \cdot \{(1+i)^{(R-X)} - 1\}/i + F_0 \cdot (1+i)^{(R-X)}$$
$$= p \cdot N \cdot (v^{(X-R)} - 1)/i + F_0 \cdot v^{(X-R)} \qquad \cdots\cdots②$$
$$\rightarrow ①＝②から、\ p = s \cdot (1 - v^{(T-R)})/(v^{(X-R)} - 1) - F_0/N \times i/(1 - v^{(R-X)}) \quad \cdots\cdots③$$

◆年齢「t」における「予定積立額L(t)」を、「p」「s」を用いて定式化すると、

$$L(t) = p \cdot N \cdot (v^{(X-t)} - 1)/i + F_0 \cdot v^{(X-t)} \cdots\cdots(X \leq t \leq R) \Rightarrow 「積立計画」の評価式$$
$$= s \cdot N \cdot (1 - v^{(T-t)})/i \qquad \cdots\cdots(R \leq t \leq T) \Rightarrow 「取崩計画」の評価式$$

出所：筆者作成

(1) 予定利率と積立期間（取崩期間）の関係

ここまで、ある一定の運用利回り（予定利率）を想定して「積立計画・取崩計画」を策定する手法を示しました。

このような「積立計画」や「取崩計画」は、ある「予定利率」を想定して資産運用をしながら、ある「期間」、積立投資をしたり取崩（資産活用）をしたりすることを意味しますが、この「予定利率」と「期間」の間には、どのような関係があるでしょうか。

「一括投資」でよく知られている「72の法則」の理論的な裏付けや、「積立計画」や「取崩計画」では、「一括投資」の「72の法則」に対応する法則がどのようになるかについて説明いたします。

(2) そもそも、一括投資の「72の法則」とは？

「一括投資」で元本を2倍に増やすために必要な年数をn、利回りをiとすると、「$i \times n \fallingdotseq 72$の関係が成り立つ」というのが「72の法則」です。

前述のとおり、初期積立額F_0で、X歳から投資を開始して、t歳まで積立投資をした場合の積立額は、以下の算式となります。

$$L(t) = p \cdot N \cdot (v^{(X-t)} - 1)/i + F_0 \cdot v^{(X-t)}$$

これを変形しますと、

$$L(t) = p \cdot N \cdot \{(1+i)^{(t-X)} - 1\}/i + F_0 \cdot (1+i)^{(t-X)}$$
$$= p \cdot N \cdot \{(1+i)^n - 1\}/i + F_0 \cdot (1+i)^n \quad （ただし、n = t - X）$$

となります。

ここで、$p \cdot N = 0$の場合としたものが「一括投資」に該当します。

$$L(t) = F_0 \cdot (1+i)^n$$
$$\Leftrightarrow L(t)/F_0 = (1+i)^n$$

「72の法則」の意味することは、（左辺）＝２の場合に$i \times n \fallingdotseq 72$という関係が成り立ち、利回りiを定めると$n \fallingdotseq 72/i$で、２倍にするために必要な年数nが求められるということです。

iとnを含む関係を「$\fallingdotseq$」としているのは、厳密には$2 = (1+i)^n$であり、「72の法則」が概算式であるからです。例えば、i＝72％のときには「72の法則」で計算すると１年となりますが、実際には、１年では1.72にしかならず、２倍との乖離がそれなりに大きくなってしまいます。

利回りiが与えられたときに、年数nを求める算式は、両辺の自然対数をとって$\ln 2 = n \times \ln(1+i)$となり、この算式から厳密解は、$n = \ln 2 / \ln(1+i)$として求めることができます（図表４－４）。

投資をする際に期待する利回りの現実的なレンジが２～10％程度であれば、図表４－４の理論値と概算値を比べて大きなズレがない、すなわち「72の法則」で計算しても大きな支障がないことが分かります。

これまでの算式は年１回i％の複利計算でしたが、これを年m回、i/m％の複利計算にしますと、

$$L(t)/F_0 = (1+i/m)^{n \times m} = (1+i/m)^{(m/i) \times i \times n}$$

ここで、m→∞とすると、

$$L(t)/F_0 = e^{i \times n}$$

この連続複利計算の場合には$2 = e^{i \times n}$という関係となります。

したがって$i \times n = \ln 2 (= 0.693\cdots)$となり、連続複利の場合には、概算ではなく厳密解として、どのようなiとnの組合せに対しても「69の法則」が成立することも分かります。

(3) 一括投資の「72の法則」に対応する、積立投資の「●●の法則」とは？

個人型確定拠出年金（iDeCo）やNISA制度（つみたて投資枠）など、一括

図表4−4　予定利率に対応する資産額が2倍となる年数（一括投資）

i（%）	n＝logA／log（1＋i） （理論値）	i×n	n＝B／i （概算）
資産の何倍？（A）	2		概算（B） 72
0.01	6,931.8	69.32	7,200.0
0.1	693.5	69.35	720.0
0.5	139.0	69.49	144.0
1.0	69.7	69.66	72.0
2.0	35.0	70.01	36.0
3.0	23.4	70.35	24.0
4.0	17.7	70.69	18.0
5.0	14.2	71.03	14.4
6.0	11.9	71.37	12.0
7.0	10.2	71.71	10.3
8.0	9.0	72.05	9.0
9.0	8.0	72.39	8.0
10.0	7.3	72.73	7.2
11.0	6.6	73.06	6.5
12.0	6.1	73.40	6.0
13.0	5.7	73.73	5.5
14.0	5.3	74.06	5.1
15.0	5.0	74.39	4.8
16.0	4.7	74.72	4.5
17.0	4.4	75.05	4.2
18.0	4.2	75.38	4.0
19.0	4.0	75.71	3.8
20.0	3.8	76.04	3.6

出所：筆者作成

投資するほどの資産はないものの、コツコツと投資していくという場合には、一括投資の「72の法則」に対応する積立投資の法則はどのようになるでしょうか。一括投資よりも積立投資のほうが資産運用できる期間が平均的に

短いため、同じ 2 倍にするために必要となる「●●の法則」は72よりも大きな数字になるように思えます。本当にそのようになるのか、確認していきます。

初期積立額 F_0 で、X歳から投資を開始して、t歳まで積立投資をした場合の積立額は、以下の算式となります。

$$L(t) = p \cdot N \cdot (v^{(X-t)} - 1) / i + F_0 \cdot v^{(X-t)}$$

これを変形しますと、

$$L(t) = p \cdot N \cdot \{(1+i)^{(t-X)} - 1\} / i + F_0 \cdot (1+i)^{(t-X)}$$
$$= p \cdot N \cdot \{(1+i)^n - 1\} / i + F_0 \cdot (1+i)^n \quad (ただし、n = t - X)$$

となります。

ここで、$F_0 = 0$ の場合としたものが「積立投資」に該当します。

$$L(t) = p \cdot N \cdot \{(1+i)^n - 1\} / i$$
$$L(t) / (p \cdot N \cdot n) = \{(1+i)^n - 1\} / (i \cdot n)$$

「一括投資」の「72の法則」に当たる概算値を求めようと思えば、

$$L(t) / (p \cdot N \cdot n) = \{(1+i)^n - 1\} / (i \cdot n)$$

の左辺が 2 ということですので、$2 = \{(1+i)^n - 1\} / (i \times n)$ となります。

ここで、i を所与とした場合には、上式の変数は n だけとなるため、n を求めることができます。例えば、表計算ソフトのゴールシーク機能を使って、この厳密解を求めると、図表 4 − 5 のようになり、2 ～10％の範囲の厳密解から概算値を算出しますと、積立投資で元本合計の 2 倍になる年数 n と利回り i の関係は、「134の法則」となることが分かります。

次に、「積立投資」算式は、年 1 回積立の年 1 回 i ％の複利計算でしたが、これを年m回積立で、年m回の i/m ％の複利計算にしますと、

$$L(t) / (p \cdot N \cdot n) = \{(1 + i/m)^{m \times n} - 1\} / (i \times n)$$
$$= \{(1 + i/m)^{(m/i) \times i \times n} - 1\} / (i \times n)$$

左辺 = 2 のとき、$2 \times (i \times n) + 1 = (1 + i/m)^{(m/i) \times i \times n}$

m→∞ とすると、$2 \times (i \times n) + 1 = e^{i \times n}$

となります。ここで、両辺の自然対数をとると、

図表4－5　予定利率に対応する資産額が2倍となる年数（積立投資）

				概算（B） →○○のルール
資産の何倍？（A）			2	134
k年分の一括投資＋積立投資			0	

i （%）	A：期末年1回	ゴールシーク （Ctrl＋m）	i×n	n＝B/i （概算）
1.0	2	127.1	127.07	134.0
2.0	2	64.3	128.52	67.0
3.0	2	43.3	129.96	44.7
4.0	2	32.9	131.41	33.5
5.0	2	26.6	132.85	26.8
6.0	2	22.4	134.28	22.3
7.0	2	19.4	135.82	19.1
8.0	2	17.2	137.26	16.8
9.0	2	15.4	138.71	14.9
10.0	2	14.0	140.15	13.4
11.0	2	12.9	141.60	12.2
12.0	2	11.9	143.04	11.2
13.0	2	11.1	144.48	10.3
14.0	2	10.4	145.92	9.6
15.0	2	9.8	147.35	8.9
16.0	2	9.3	148.79	8.4
17.0	2	8.8	150.22	7.9
18.0	2	8.4	151.66	7.4
19.0	2	8.1	153.09	7.1
20.0	2	7.7	154.52	6.7

出所：筆者作成

$$\ln\{2 \times (i \times n) + 1\} = (i \times n)$$

となり、$(i \times n)$ を1つの変数と考えますと、この $(i \times n)$ の値は、この算式から定まります。

　表計算ソフトのゴールシーク機能を使って、$(i \times n)$ を計算すると125.6…

図表 4 - 6 「●●の法則」（一括投資、積立投資）

	年 1 回積立、年 1 回複利	連続積立、連続複利
一括投資	72の法則（概算）	69の法則（厳密解）
積立投資	134の法則（概算）	126の法則（厳密解）

出所：筆者作成

となり、「積立投資」で、連続積立・連続複利の場合には、「126の法則」が成り立つことになります。以上の結果を一覧表にしますと、図表 4 - 6 のとおりとなります。

　なお、積立頻度や積立タイミングの違いによる概算と厳密解の関係については、枇々木規雄「一括投資と積立投資に活用できる法則（ルール）」（ファイナンシャル・プランニング研究、No.23、2024）で詳細が説明されています。

⑷　一括投資の「72の法則」に対応する、「一括投資＋積立投資」の「●●の法則」とは？

　ここまで、「一括投資」「積立投資」それぞれの場合の「●●の法則」を確認しましたが、これから「積立投資」を開始するというときに、手元資金100万円の「一括投資」と毎月 2 万円の「積立投資」で開始するというようなケースも想定されます。また、「積立投資」を開始してから、一定期間が経過した後、そのときまでに積み上がった資産とこれからの「積立投資」で、計画を見直す場合も、その時点から、手元資金の「一括投資」と「積立投資」を開始するのと同じ状態となります。

　そこで、「●●の法則」を、より一般化して、初期積立額 F_0 をもったうえで、積立投資を開始する「一括投資＋積立投資」の場合について考えてみます。

$$L(t) = p \cdot N \cdot \{(1+i)^{(t-X)} - 1\} / i + F_0 \cdot (1+i)^{(t-X)}$$
$$= p \cdot N \cdot \{(1+i)^n - 1\} / i + F_0 \cdot (1+i)^n \quad （ただし、n = t-X）$$

$F_0 = k \times p \cdot N$ という関係が成り立つ、すなわち、初期積立額は、年間積立

額の k 倍で投資を開始するという前提にしますと、

$$L(t)/(p \cdot N \cdot n + F_0)$$
$$= [\{(1+i)^n - 1\}/i + k \cdot (1+i)^n]/(n+k)$$

　左辺は、投資元本に対して何倍ということを表しているので、$Y(a)$（2倍ならば $a = 2$）と表記すると、以下のとおりになります。

$$Y(a) = [\{(1+i)^n - 1\}/i + k \cdot (1+i)^n]/(n+k)$$

　NISA制度（つみたて投資枠の120万円、成長投資枠の240万円）を想定して、例えば、毎年120万円（月当たり10万円）、初期投資を240万円（$k = 2$年分）のケースで考えてみます。

　投資元本が2倍すなわち、$Y(2) = 2$ が成り立つときは、

$$2 = [\{(1+i)^n - 1\}/i + 2 \cdot (1+i)^n]/(n+2)$$

　この関係が成り立つ i と n を、表計算ソフトのゴールシーク機能で算出してみますと、図表4−7のとおりとなり、2〜10％の範囲の厳密解から算出した概算値から「123の法則」であることが分かります。

　連続積立・連続複利の場合は、

$$Y(a) = [\{e^{i \times n} - 1\}/i + k \cdot e^{i \times n}]/(n+k)$$

となり、$Y(a) = 2$、$k = 2$ の場合には、

$$2 = [\{e^{i \times n} - 1\}/i + 2 \cdot e^{i \times n}]/(n+2)$$

となり、この算式を満たす i と n を求めることになります。これまでと同様に、ゴールシーク機能を使って2〜10％の厳密解から概算値を出すと「115の法則」程度であることが分かります（図表4−8）。

　これらの結果を一覧表にしますと、元本が2倍になる年数を求める「●●の法則」は、図表4−9のとおりとなります。

　なお、「一括投資＋積立投資」の場合は、連続積立・連続複利の場合でも「●●の法則」の●●は、一意的に定まりませんでした。

　これは、$Y(a) = [\{e^{i \times n} - 1\}/i + k \cdot e^{i \times n}]/(n+k)$ の関係式では $(i \times n)$ を1つの変数として分離することができないためです。

　そこで、この算式を以下のとおり、変形しますと、「ある特定の条件」を

図表4－7　予定利率に対応する資産額が2倍となる年数（一括投資＋積立投資）

				概算（B） →○○のルール
資産の何倍？（A）		2		123
k年分の一括投資＋積立投資		2		

i （％）	A：期末年1回	ゴールシーク （Ctrl＋m）	i×n	n＝B/i （概算）
1.0	2	125.1	125.12	123.0
2.0	2	62.3	124.65	61.5
3.0	2	41.4	124.22	41.0
4.0	2	31.0	123.84	30.8
5.0	2	24.7	123.49	24.6
6.0	2	20.5	123.17	20.5
7.0	2	17.6	122.89	17.6
8.0	2	15.3	122.54	15.4
9.0	2	13.6	122.30	13.7
10.0	2	12.2	122.08	12.3
11.0	2	11.1	121.89	11.2
12.0	2	10.1	121.72	10.3
13.0	2	9.4	121.57	9.5
14.0	2	8.7	121.45	8.8
15.0	2	8.1	121.34	8.2
16.0	2	7.6	121.25	7.7
17.0	2	7.1	121.18	7.2
18.0	2	6.7	121.13	6.8
19.0	2	6.4	121.09	6.5
20.0	2	6.1	121.07	6.2

出所：筆者作成

追加すれば「●●の法則」がどのようなnとiの組合せに対しても成り立つことが分かります。

$$Y(a) = [\{e^{i×n} - 1\}/i + k \cdot e^{i×n}]/(n+k)$$
$$= [\{e^{i×n} - 1\}/(n×i) + (k/n) \cdot e^{i×n}]/(1 + k/n)$$

図表 4 - 8　予定利率に対応する資産額が 2 倍となる年数（一括投資＋積立投資、
　　　　　連続積立・連続複利）

| | | 概算（B） |
		→○○のルール
資産の何倍？（A）	2	115
k 年分の一括投資＋積立投資	2	

i (%)	A：連続複利	ゴールシーク (Ctrl＋m)	i×n	n＝B/i （概算）
1.0	2	123.7	123.70	115.0
2.0	2	60.9	121.90	57.5
3.0	2	40.0	120.04	38.3
4.0	2	29.6	118.34	28.8
5.0	2	23.3	116.72	23.0
6.0	2	19.2	115.17	19.2
7.0	2	16.2	113.74	16.4
8.0	2	14.0	112.37	14.4
9.0	2	12.3	110.96	12.8
10.0	2	11.0	109.69	11.5
11.0	2	9.9	108.47	10.5
12.0	2	8.9	107.30	9.6
13.0	2	8.2	106.19	8.8
14.0	2	7.5	105.13	8.2
15.0	2	6.9	104.12	7.7
16.0	2	6.4	103.15	7.2
17.0	2	6.0	102.22	6.8
18.0	2	5.6	101.34	6.4
19.0	2	5.3	100.49	6.1
20.0	2	5.0	99.69	5.8

出所：筆者作成

　この変形から「積立年数 n に対して初期積立額は年間積立額の k 年分とい
う、その比率(k/n)が一定の場合」は、この算式から Y(a)が定まれば(i×n)
が一意的に定まることが分かります。

図表 4 - 9 「●●の法則」（一括投資、一括投資＋積立投資、積立投資）

	年 1 回積立、年 1 回複利	連続積立、連続複利
一括投資	72の法則（概算）	69の法則（厳密解）
一括投資＋積立投資	123の法則（概算）	115の法則（概算）
積立投資	134の法則（概算）	126の法則（厳密解）

注：「一括投資」＋「積立投資」は、「一括投資額」が「積立投資額の 2 年分」のケース。
　　この○年分の数字を大きくすると「一括投資」に近づき、小さくすると「積立投資」
　　に近づく。
出所：筆者作成

　なお、この法則については、枇々木規雄「一括投資と積立投資の両方を考慮する場合に活用できる法則（ルール）」（慶應義塾大学理工学部、2023年12月14日）に詳細が報告されています。

⑸　「取崩（資産活用）」における「●●の法則」とは？

　これまでは、「一括投資」「積立投資」「一括投資＋積立投資」の場合に、投資元本の 2 倍になる年数と予定利率の関係を表す「●●の法則」を確認してきました。次に、例えば、セカンドライフで、退職金や相続資金などのまとまった資金を運用しながら、公的年金を補完する「自助年金」として、資産活用しながら取り崩していく場合の「●●の法則」について確認してみます。

$$L(R) = s \cdot N \cdot \{1 - (1+i)^{-n}\} / i \quad （ただし、 n = T - R）$$

が「取崩（資産活用）」を開始する際の元本ですから、

$$Y(a) = s \cdot N \cdot n / L(R) = i \cdot n / \{1 - (1+i)^{-n}\}$$

となります。

　概算値を求めるには、左辺が 2 なので、 $2 = i \cdot n / \{1 - (1+i)^{-n}\}$ となります。

　 i を所与とした場合には、上式の変数は n だけとなるため、 n を求めることができます。例えば、表計算ソフトのゴールシーク機能を使って、この厳

図表 4 −10　予定利率に対応する取崩合計額が元本の 2 倍になる年数（取崩）

資産の何倍？（A）			2		概算（B） →○○のルール
					156

i （%）	A：期末年1回	ゴールシーク （Ctrl＋m）	i×n	n＝B/i （概算）
1.0	2	158.8	158.81	156.0
2.0	2	79.1	158.26	78.0
3.0	2	52.6	157.71	52.0
4.0	2	39.3	157.16	39.0
5.0	2	31.3	156.61	31.2
6.0	2	26.0	156.06	26.0
7.0	2	22.2	155.50	22.3
8.0	2	19.4	154.95	19.5
9.0	2	17.2	154.39	17.3
10.0	2	15.4	153.83	15.6
11.0	2	13.9	153.28	14.2
12.0	2	12.7	152.72	13.0
13.0	2	11.7	152.16	12.0
14.0	2	10.8	151.60	11.1
15.0	2	10.1	151.03	10.4
16.0	2	9.4	150.47	9.8
17.0	2	8.8	149.90	9.2
18.0	2	8.3	149.34	8.7
19.0	2	7.8	148.77	8.2
20.0	2	7.4	148.20	7.8

出所：筆者作成

密解を求めると、図表 4 −10のとおりとなり、2 〜10％の範囲の厳密解から概算値を算出すると、「取崩計画」で取崩合計額が元本の 2 倍になる年数 n と利回り i の関係は、「156の法則」となることが分かります。

　「取崩（資産活用）」の算式は、年 1 回取崩の年 1 回 i ％の複利計算ですが、これを年 m 回取崩で、年 m 回の i/m ％の複利計算にしますと、

図表4－11 「●●の法則」（一括投資、一括投資＋積立投資、積立投資、取崩）

	年1回積立、年1回複利	連続積立（取崩）、連続複利
一括投資	72の法則（概算）	69の法則（厳密解）
一括投資＋積立投資	123の法則（概算）	115の法則（概算）
積立投資	134の法則（概算）	126の法則（厳密解）
取崩（資産活用）	156の法則（概算）	159の法則（厳密解）

注：「一括投資」＋「積立投資」は、「一括投資額」が「積立投資額の2年分」のケース。
　　この○年分の数字を大きくすると「一括投資」に近づき、小さくすると「積立投資」
　　に近づく。
出所：筆者作成

$$Y(a) = s \cdot N \cdot n / L(R) = i \cdot n / \{1 - (1 + i/m)^{-n \times m}\}$$

左辺 ＝ 2 のとき、$2 = i \cdot n / \{1 - (1 + i/m)^{-n \times m}\}$

$m \rightarrow \infty$ とすると、$2 = i \cdot n / (1 - e^{-i \times n})$

$(i \times n)$ を1つの変数と考えますと、この$(i \times n)$の値は、この算式から定まることになります。表計算ソフトのゴールシーク機能を使って、$(i \times n)$を計算すると159.3…となり、「取崩計画」で、連続取崩・連続複利の場合には「159の法則」が成り立ちます。

「取崩（資産活用）」の場合も含めて一覧表にすると、元本が2倍になる年数を求める「●●の法則」は、図表4－11のとおりとなります。

⑹ 「積立投資」に対するコンサルティングは意外と複雑

「マネープランとしての投資」における「積立計画・取崩計画」の策定手法について解説するとともに、「一括投資」でよく知られる「72の法則」を「積立投資」や「一括投資＋積立投資」、「取崩（資産活用）」にも拡張してみました。

大きな金融資産（一括投資）に対するコンサルティングのほうが「積立投資」よりも難易度が高く、「積立投資」は、投資初心者向けでドル・コスト

平均法のことを説明しておけばよいといったイメージをもたれることもありますが、「積立投資」や「取崩（資産活用）」の場合には、その計画にキャッシュフローの出入りが伴いますので、「一括投資」よりもかなり複雑になることが分かります。

　このようなことから、本来は、「積立計画・取崩計画」のコンサルティングのほうが「一括投資」のみの投資よりも、より深い知見を駆使してコンサルティングしていくことが必要であるといえます。例えば、「72の法則」の一般化では、「一括投資＋積立投資」の場合のみ、「連続積立・連続複利」の場合でも厳密解を求めることができず、初期積立額の存在（kの値）がカギになることも分かりました。このような**初期積立額の存在（kの値）**が「**積立投資」における「リスク許容度」に基づく「安全資産と投資性資産の適切な割合」にも影響を与える**ことになりますが、その点につきましては、第5章で説明いたします。

　「習うより慣れよ」といわれるように、まず、毎月出せる金額で「積立投資」を始めてみよう、「NISA制度（つみたて投資枠）」の非課税限度額の範囲内で始めてみよう、というように、明確に「ライフプランに対応するマネープラン」とは紐づけはせずに、投資結果が「元本の●倍」になるような計画で、投資を開始してみるというような方法もあります。そういう場合には、ここで整理してきた「●●の法則」が、「予定利率」と「年数」の目安をもって資産運用するという観点では有用といえます。また、退職金や相続資金などのまとまった資金が手元にできた場合に、その資金を「資産活用（取崩）」していく場合にも、ここで説明してきた「●●の法則」で「予定利率」と「年数」の目安をもって、資産運用しながら取り崩していくこともできます。こういった方法で「投資」を開始すること自体は決して悪いことではありませんが、その目的は「まずは、積立投資というかたちで、投資に馴染んでみること」というように意識したうえで、投資を実践したほうがよいと思います。といいますのは、「投資で元本を2倍にする」というような目標の定め方では、なぜ元本の2倍なのか、1.5倍では少ないのか、投資期間はど

のぐらいを想定したらいいのか、といったことに何の答えもないまま、ただ「投資で元本を2倍にする」という「儲け」の目標だけに囚われてしまう可能性があると思えるからです。

セカンドライフに備えるマネープランを策定してみよう！

(1) ライフプランに基づくマネープラン

本来は、私たち一人ひとりが思い描くライフプランがあり、そのライフプランに対応するマネープランを実践する際に、貯蓄だけではなく「投資」も手掛けることで、貯蓄だけでは得られないような「人生の選択肢」を増やしていける、という考え方が「マネープランとしての投資」です。

このように、「投資」の前提となるライフプランがあれば、「何歳ぐらいの○○というライフイベントまで」というように、自ずと「投資期間」の目安は定まってきます。こういったことを所与の条件とした場合、「投資に回せる初期積立額と積立額の目安」と「想定する利回り（予定利率）」の間にはトレードオフの関係があり、その双方の折り合いをつけながら計画を策定していくという手順となります。

以降では、**私たち一人ひとりの誰もが関心の高いライフイベント（セカンドライフ）の「老後資金」に関するマネープランを取り上げて、「積立計画・取崩計画」を策定していく方法**について説明いたします。

大まかな手順は、公的年金を補完する「自助年金」を想定して、セカンドライフの期間や金額の目安を置くことで「取崩計画」が策定でき、その「取崩計画」から逆算して、退職時の目標資産額を求めて、その目標資産額を目指すような「積立計画」を立てます。このように考えますと、そもそも「セカンドライフ」で、私たち一人ひとりは、どの程度の「収入」や「支出」が見込めるのか、というイメージをつかんでおく必要があるということになります。

図表4−12　収入と支出の等式（現役時代と退職後時代の違い）

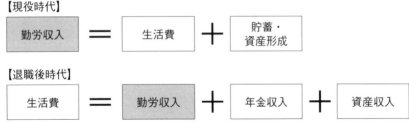

出所：野尻哲史著「60代からの「資産使い切り」法」（日本経済新聞出版、2023年）

⑵ 「セカンドライフ」の収支を把握しよう！

　公的年金を補完する「自助年金」の期間や金額を想定しようとする前に、まず、「セカンドライフ」の構造を把握しましょう。

　資産形成期の方々にとって「セカンドライフ」はまだ遠い先の話であり、なかなか自分事化して具体的なイメージをもつことが困難であると思われます。

　例えば、野尻哲史著「60代からの「資産使い切り」法」（日本経済新聞出版、2023年）では、「収入」と「支出」の関係について、図表4−12のとおり、「現役時代」と「退職後時代」で変化すると整理しています。

⑶　セカンドライフの収支把握、起点は「生活費」

　現役時代は、「勤労収入」が起点となって、その勤労収入が生活費と貯蓄・資産形成に分けられますが、退職後時代は「生活費」が起点となって、それを賄う3本柱が勤労収入・年金収入・資産収入となります。**セカンドライフにおける「資産収入」というのは、資産運用しながら資産を取り崩していく「資産活用」によってもたらされるものです。**

第4節 「公的年金」のイメージをつかもう！

(1) セカンドライフの主たる収入源（公的年金）

20代から60代まですべての世代で、図表1−21のとおり、「お金に関する不安」の中では「老後資金」がトップの要因でしたが、セカンドライフの収入の3本柱の中でも、2つ目の「年金収入」の水準感を把握しておくことが「老後資金」の不安を解消する第一歩となります。

私たち一人ひとりに関係のある「公的年金」について、「①年金額の水準、②受給する期間（いつまで）、③受給開始する年齢（いつから）」がどのようになっているのか、そのエッセンスを確認していきます。

(2) 「公的年金」の水準と受給期間は？

「①年金額の水準」については、会社員であれば、現役世帯の手取り収入を基準に、ある程度、セカンドライフの支出をカバーできるように設計されています。

例えば、会社員の標準モデルでは、図表4−13のとおり、公的年金の支給

図表4−13　公的年金の所得代替率

$$\frac{\text{老齢世代の夫婦2人の公的年金額　22.0万円}}{\text{現役世帯の手取り収入　35.7万円}} = 61.7\%$$

※夫：会社員＋妻：専業主婦　片働きの前提
※数値は令和元年度

出所：厚生労働省「2019（令和元）年財政検証結果レポート」をもとに三井住友トラスト・資産のミライ研究所作成

水準は「現役世帯の手取り収入」の6割程度となっています。

この「公的年金の所得代替率」の水準は、全員に当てはまるものではありません。図表4-14のとおり、所得が多い人ほど将来もらえる年金額自体は多い（年金月額）ものの、その年金額が現役時代の所得水準をカバーする範囲（所得代替率）は下がるような設計となっています。所得水準による「公的年金」の所得代替率の水準をザックリとでも把握したうえで、私たち一人ひとりが、セカンドライフをより充実して過ごしていくために上乗せしたい「自助年金」の水準をイメージすることになります。

図表4-14の会社員の標準モデルでは所得代替率が60％程度となっていますが、厚生労働省「2019（令和元）年財政検証結果レポート」によれば、この所得代替率は将来にわたって概ね50％程度を確保していくこととされてい

図表4-14 賃金水準（1人当たり）別の年金月額および現役時の賃金比較

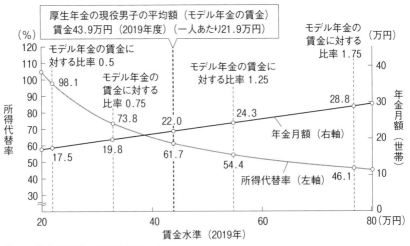

注1：年金月額は、新規裁定者の水準。
　　2：どの世帯類型も、可処分所得割合を0.814として所得代替率を計算している。
出所：厚生労働省「2019（令和元）年財政検証結果レポート」をもとに三井住友トラスト・資産のミライ研究所作成

ます。

　例えば、公的年金による所得代替率は50％程度であり、セカンドライフで
の「勤労収入」は見込まないという前提で、全体として所得代替率で70％程
度を確保するように「自助年金」として「資産収入」を確保したい、という
ことであれば、図表４－３における「自助年金」部分の所得代替率（ｓ）が
20％ということになります。

　また、「②受給する期間（いつまで）」については、私たち一人ひとりが死
亡するまで受け取ることができる「終身年金」になっているという特長があ
ります。自分がどの程度、長生きするかは誰にも分かりませんが、公的年金
は、想定以上に長生きした場合でも終身で受け取り続けることができ、私た
ち一人ひとりの「強い味方」であるといえます。

(3)　「公的年金」の受給開始年齢は？

　「③受給開始する年齢（いつから）」については、私たち一人ひとりが自分
自身の状況に応じて、「受給開始年齢」を選択することができるようになっ
ています。具体的には、これから受給開始する人の支給開始年齢は65歳と設
計されていますが、受取り開始時期を60〜75歳の間で選ぶことができます。
65歳よりも早く受け取る（繰上げ受給を選択する）ことにしますと、受給開

図表４－15　公的年金の繰上げ受給・繰下げ受給の仕組み

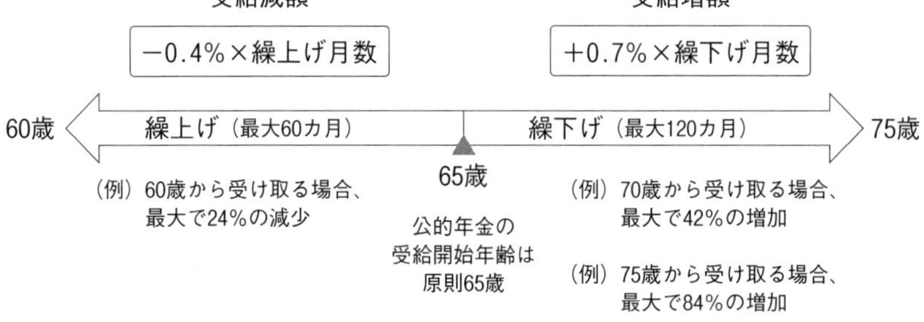

出所：三井住友トラスト・資産のミライ研究所

始が早くなる代わりに、「繰上げ月数×0.4％相当が支給金額から減額」されることになります。逆に、65歳よりも遅く受け取る（繰下げ受給を選択する）と、受給開始が遅くなる代わりに、「繰下げ月数×0.7％相当が支給額に上乗せ」されることになります（図表4−15）。

⑷ 「公的年金」の受取り方法を選択するには？

「公的年金」の3つのポイントをふまえつつ、私たち一人ひとりは、自分自身のライフスタイル（セカンドライフでの「勤労収入」）や、公的年金に上乗せする「自助年金」の水準（セカンドライフでの「資産収入」）を考慮したうえで、「公的年金」の受取り方法を選択することとなります。

〈「公的年金」の3つのポイント〉

① ある程度、セカンドライフを支えることができるものの、一般的には、充実したセカンドライフを賄える水準よりは少ない
② 終身年金であるため、長生きした場合でも受け取り続けられる
③ 繰上げ・繰下げ受給する年齢を選択することができる

図表4−12の退職後時代の「生活費＝勤労収入＋年金収入＋資産収入」のうち、「年金収入」について述べてきました。「勤労収入」は、セカンドライフでの働き方にイメージがもてれば、それに応じて水準を想定すればよいでしょうし、イメージがなければ計画段階では見込まないというのも選択肢になるでしょう。いずれにしましても、これらの水準をある程度イメージできるようになれば、後は左辺の「生活費」の水準をイメージすることで、この算式から、「資産収入」、すなわち、セカンドライフにおける資産活用による「取崩計画」を策定することができます。

　　「公的年金」は払い損ではない！

　公的年金は「払い損」なのではないかとか、破綻してしまうのではないかという不安をもっている方もいらっしゃると思います。本来、公的年金は保険制度ですので損得で考えることは馴染みませんが、ここでは、敢えて公的年金は払い損ではないということを数字で確認してみます。

◇国民年金のみの場合には？

　まず、国民年金のみに加入する第1号被保険者の場合についてです。

　2023年度の保険料は月額1万6,980円です。本当は世間の賃金水準に応じて毎年保険料は改定されますが、計算を簡単にするために40年間この金額だったとします。そうしますと、支払う保険料の総額は、以下のとおりとなります。

　　　1万6,980（円／カ月）×12（カ月／年）×40年＝約800万円

　一方、2023年度に65歳から受け取る基礎年金の給付額は年額79万5,000円（月額6万6,250円）です。何歳まで生きるかは分かりませんが、仮に65歳から90歳までの25年間に受け取る額を単純計算しますと、以下のとおりとなります（例えば、令和4年簡易生命表によると、死亡年齢最頻値は男性が88歳、女性が93歳）。

　　　79万5,000（円／年）×25（年）＝約2,000万円

　これらを単純に比較しますと、支払った保険料を上回る給付を受け取る計算になることが分かります。

　実際には、保険料も年金額も改定されますので、必ずしも2倍受け取れるということではありません。そこで、仮に、厚生労働省の「2019（令和元）年財政検証結果レポート」（ケースⅢ、人口中位）を参考に、2020年に20歳の人について、インフレや賃上げのほか、将来の人口減少や長寿化による給付抑制を考慮したシミュレーションに基づいて概算し

てみますと、**保険料総額（物価調整後）は約1,300万円、25年間の年金給付総額（物価調整後）は約2,300万円**となり、やはり年金給付は保険料を上回ります。

◇厚生年金保険に加入する場合には？

　今度は、厚生年金保険にも加入している第2号被保険者の場合です。

　第2号被保険者は、厚生年金保険に加入すると同時に国民年金にも加入していますが、支払う保険料は厚生年金保険料のみで、受け取る給付額は「基礎年金＋厚生年金」となります。

　ここでは、平均月収30万円で40年間厚生年金保険に加入する場合で考えてみます。保険料は、月収に対して会社と本人が半分ずつ合計18.3％負担するので本人の分は9.15％ということになります。40年間の保険料としては単純計算では、以下のとおりとなります。

30万（円／カ月）×9.15％×12（カ月／年）×40（年）＝約1,300万円

　一方で、65歳から90歳までの25年間の給付額を単純計算しますと、基

図表4-16　保険料負担額と年金給付額の比較

（金額単位：万円）

経済前提	国民年金		厚生年金保険		〈参考〉経済成長率（実質）
	保険料	年金給付	保険料	年金給付	
ケースⅠ	1,700	2,800	2,700	6,300	0.9％
ケースⅢ	1,300	2,300	2,200	5,200	0.4％
ケースⅤ	1,100	1,600	1,900	3,900	0.0％

注：2020年に20歳（2000年生まれ）の方について、保険料負担額（20歳から60歳までの40年分）および年金給付額（65歳から90歳までの25年分）を賃金上昇率を用いて65歳時点の価格に換算したものをさらに物価上昇率を用いて現在価値（2020年度時点）に割り引いて表示したもの。2019年度の国民年金保険料（16,410円）を元に推計。厚生年金保険の欄に記載している年金給付は厚生年金の給付と基礎年金（1人分）の給付の合計。手取りは月収の81.4％と仮定。いずれも人口中位。ケースⅤでは機械的に給付水準調整を進めた場合。
出所：厚生労働省「2019（令和元）年財政検証結果レポート」をもとに三井住友トラスト・資産のミライ研究所にて独自に集計

礎年金と厚生年金の合算で、以下のとおりとなります。

　　13万2,022(円／カ月)×12(カ月／年)×25(年)＝約4,000万円

　これらを単純比較しますと、支払った保険料を大きく上回る計算になることが分かります。

　実際には保険料も年金額も改定されますので、先ほどと同様に概算してみますと、**保険料総額（物価調整後）は約2,200万円、25年間の年金給付総額（物価調整後）は約5,200万円**となり、やはり年金給付は保険料を上回ります。

◇さまざまな前提で計算した場合でも払い損ではない！

　今後の経済環境にも左右されますので、複数の経済前提のもとで給付と保険料を比較してみました。

　図表4－16の3つのケースではいずれの場合も、保険料総額（物価調整後）よりも、25年間の年金給付総額（物価調整後）のほうが多くなり、公的年金は、「払い損」ではないということが分かります。

第 5 節　セカンドライフでの「生活費」の水準は？

　セカンドライフにおける「生活費」の水準は、私たち一人ひとりのライフスタイル（世帯構成、消費性向など）により、個人差の大きいものであると思われます。図表4－17は、生命保険文化センター「生活保障に関する調査」（2022年度）から抜粋したものです。

　平均値は37.9万円となっていますが、20万円未満から50万円以上まで幅広く分布していることが分かります。

　このように、私たち一人ひとりのライフスタイルにより、「生活費」の水準が大きく異なりますと、現役世代のうちに「生活費」の水準をイメージすることは困難になりますが、水準の目安をつけるという観点では、「現在の生活費」と「老後生活費想定」に関するアンケートの調査結果（対象：50～60代）が参考になります。

　「現在の生活費」と「老後生活費の想定」を比較したところ、特に、現在の生活費が25万円以上の範囲では、図表4－18の右の折線グラフのとおり、**セカンドライフの「生活費」の水準は、「現時点の生活費」7～8割程度の範囲である**ことが分かります。

　現役時代の「手取り収入」（勤労収入）は、図表4－12のとおり、「生活

図表4－17　ゆとりある老後生活費の推計

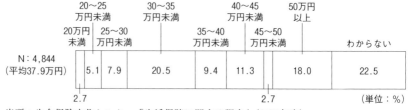

出所：生命保険文化センター「生活保障に関する調査」（2022年度）

図表４－18 50～60代の「現時点の生活費」と「老後生活費（見込み）」の比較

回答者数	現時点の生活費（月額）…①	老後生活費（見込み）の月額平均…②（万円）	比率（②÷①）（%）
131	～5万円未満	5.1	106
510	5万以上～10万円未満	7.7	103
600	10万以上～15万円未満	11.7	94
575	15万以上～20万円未満	16.3	93
434	20万以上～25万円未満	20.3	90
364	25万以上～30万円未満	22.4	81
137	30万以上～35万円未満	25.4	78
65	35万以上～40万円未満	26.3	70
37	40万以上～45万円未満	29.2	69
26	45万以上～50万円未満	32.9	69
31	50万円以上	41.7	80

②老後生活費（見込み）÷①現時点の生活費

（現時点の生活費水準）

注：比率の算出においては、老後生活費（見込み）の月額平均（②）を現時点の生活費月額（①）におけるレンジの中央値で除した。
なお、「～5万円未満」は4.8万円、「50万円以上」は52万円で算出。
出所：三井住友トラスト・資産のミライ研究所のアンケート調査（2023）

第5節 セカンドライフでの「生活費」の水準は？ 151

費」と「貯蓄・資産形成」に振り分けられますので、「手取り収入」のすべてが「生活費」に回っているわけではありません。

　セカンドライフの「生活費」の水準が「現時点の生活費」7～8割程度の範囲ということでしたが、現役時代の「手取り収入」に対しては、例えば「貯蓄・資産形成」の比率が10％程度であったとすれば、

　セカンドライフの「生活費」＝現役時代の「生活費」× 7～8割
　　　　　　　　　　　　　＝（現役時代の「手取り収入」×90％程度）× 7～8割
　　　　　　　　　　　　　＝現役時代の「手取り収入」× 6～7割

程度を「公的年金」と「資産収入」で賄えるような「積立計画・取崩計画」を策定すればよいことが分かります。

「積立計画・取崩計画」の策定を実践してみよう！

(1) 「積立計画・取崩計画」の策定には、どんなツールが望ましいのか

　ここまでの説明をふまえ、「マネープラン」の"土台"となる「積立計画・取崩計画」を手軽に作成できるツールについて、ご説明いたします。

　「公的年金」の所得代替率が50％程度で、全体として70％程度を確保するように「自助年金」として「資産収入」を確保したい、ということであれば、図表4-3における「自助年金」部分の所得代替率(s)が20％ということになります。

　しかしながら、実際に「積立計画・取崩計画」を策定するには、「公的年金」の受給開始年齢を何歳と想定するかによって、「公的年金」の水準自体も変化することになるため、その結果として「自助年金」部分の所得代替率(s)も変わることになります。

　さらに、セカンドライフのための資金として既に保有している資金があるのか（年金財形、DC年金やiDeCoの資産残高など）、積立期間中や取崩期間中に何パーセントぐらいの利回りを見込むか、などによっても「積立計画・取崩計画」の形状が変化してきます。

　私たち一人ひとりが、このような「積立計画・取崩計画」を策定するには、計画策定に必要となる最低限の変数を入力できるようにしたうえで、気軽にトライアンドエラーを繰り返して、自分自身にフィットしそうな計画を策定できるようなツールを作成することが、「ファイナンシャル・ライフ・エンジニアリング」の理論と実践をつなぐ"カギ"になります。

　次に、このような「積立計画・取崩計画」の策定ツールについて説明いた

します。

⑵　「積立計画・取崩計画」の「策定ツール」──理論と実践の橋渡し

　図表 4 −19に示したような「入力項目」とすることで、セカンドライフの「資産収入」を想定した「マネープランとしての投資」を実践する場合の「積立計画・取崩計画」を策定することができます。

　金融機関などがさまざまなシミュレーションツールを開発していますが、例えば、三井住友トラスト・資産のミライ研究所では、この「積立計画・取崩計画」を簡便に策定するオンライン・ツールとして、「PLAY WITH PENSION PLAN®」（略称PPPツール）を開発しています。図表 4 −19は、その全体像で、左側が「入力領域」、右側が「出力領域」となっています。

　左側の入力項目は、
・**年齢に関するもの**：「積立開始年齢」「積立終了年齢」「最終年齢（＝取崩終了年齢)」
・**利回りに関するもの**：「積立中に期待する利回り」「取崩中に期待する利回り」
・**運用資金・取崩金額に関するもの**：「現時点で準備している老後資金」「公的年金への自助での上乗せ（現役時代全期間の平均年収に対する割合または年間金額)」「現役時代全期間の平均年収（手取り)」
を設定できるようになっています。

　右側の出力項目は、
・「(積立終了時点での) 必要資産額」（「老後資金2,000万円」で話題となった金額が、入力した前提では「いくらぐらいになるのか」を表す金額）と「(必要資産額を積み立てるために必要な) 年間積立額」
・「積立計画・取崩計画」の全体像を表すグラフ

・資産運用を行うことの効果として、「積立中に運用をすることで想定される収益」「取崩中に運用をすることで想定される収益」「運用により資産寿命を延ばせる年数」

となっており、「積立計画・取崩計画の全体像」や「計画を立てて資産運用することの効果」を分かりやすく把握できるように工夫されています。

⑶　30歳、平均年収（手取り）が400万円の場合の入力例

図表4−20の入力例では、以下のとおりとしています。

・**年齢に関する項目**：「積立開始年齢」を30歳、「積立終了年齢」を65歳、「最終年齢（＝取崩終了年齢）」は人生100年時代を想定して100歳
・**利回りに関する項目**：「積立中に期待する利回り」を3％、セカンドライフでは現役時代よりも保守的に「取崩中に期待する利回り」を2％
・**運用資金・取崩金額に関するもの**：「現時点で準備している老後資金」は0円、「公的年金への自助での上乗せ（現役時代全期間の平均年収に対する割合または年間金額）」は、セカンドライフで必要となる支出水準が「現役時代全期間の平均年収（手取り）」に対して7割程度で、そのうち5割程度は公的年金（国民年金＋厚生年金の報酬比例部分）で賄えると想定して、「現役時代全期間の平均年収（手取り）」に対して20％と設定し、「現役時代全期間の平均年収（手取り）」は400万円

これらの入力条件により、この事例では「現役時代全期間の平均年収（手取り）の400万円」×20％で、年間で80万円分を上乗せすることになっていますが、例えば、国民年金だけの場合なども想定して、実額として「公的年金への自助での上乗せ額」を実額で設定することもできるようになっています。

図表４－19 「積立計画・取崩計画」を「見える化」するツール（全体像）

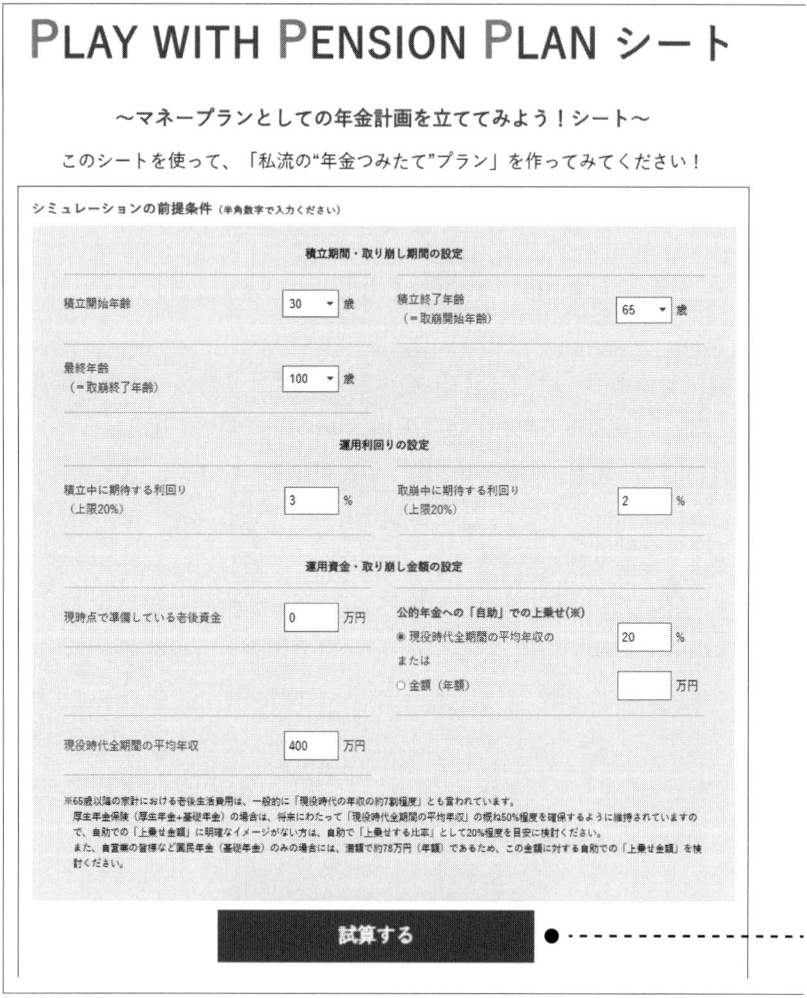

出所：三井住友トラスト・資産のミライ研究所

⑷　30歳、平均年収（手取り）が400万円の場合の出力結果は？

図表４－21が、「図表４－20の入力例」の出力結果です。

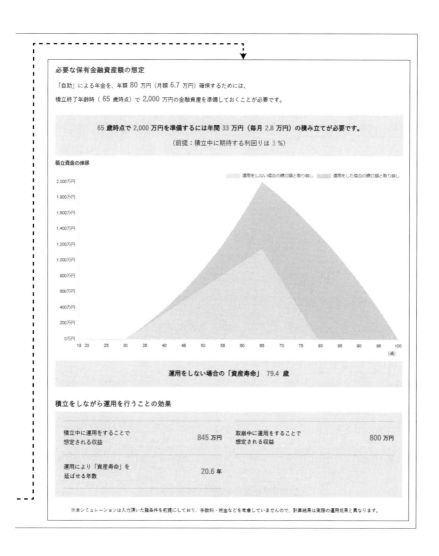

必要な保有金融資産額の想定

「自助」による年金を、年額 80 万円（月額 6.7 万円）確保するためには、

積立終了年齢時（65 歳時点）で 2,000 万円の金融資産を準備しておくことが必要です。

65 歳時点で 2,000 万円を準備するには年間 33 万円（毎月 2.8 万円）の積み立てが必要です。

（前提：積立中に期待する利回りは 3 ％）

積立資金の推移

運用をしない場合の積立額と取り崩し　　運用をした場合の積立額と取り崩し

運用をしない場合の「資産寿命」79.4 歳

積立をしながら運用を行うことの効果

積立中に運用をすることで想定される収益	845 万円	取崩中に運用をすることで想定される収益	800 万円
運用により「資産寿命」を延ばせる年数	20.6 年		

※本シミュレーションは入力頂いた諸条件を前提にしており、手数料・税金などを考慮していませんので、計算結果は実際の運用成果と異なります。

65歳から100歳まで400万円の20％で年間80万円ずつ「上乗せ」しようとすると、**退職時点（65歳）での必要資産額が2,000万円、年間33万円（毎月2.8万円、資産形成比率8.3％）を積み立てる必要がある**という出力結果になって

図表 4 −20 「積立計画・取崩計画」を「見える化」するツール（入力例）

PLAY WITH PENSION PLAN シート

〜マネープランとしての年金計画を立ててみよう！シート〜

このシートを使って、「私流の"年金つみたて"プラン」を作ってみてください！

シミュレーションの前提条件 （半角数字で入力ください）

積立期間・取り崩し期間の設定

積立開始年齢	30 ▼ 歳	積立終了年齢 （＝取崩開始年齢）	65 ▼ 歳
最終年齢 （＝取崩終了年齢）	100 ▼ 歳		

運用利回りの設定

積立中に期待する利回り （上限20%）	3 ％	取崩中に期待する利回り （上限20%）	2 ％

運用資金・取り崩し金額の設定

現時点で準備している老後資金	0 万円	公的年金への「自動」での上乗せ（※）	
		◉ 現役時代全期間の平均年収の	20 ％
		または	
		○ 金額（年額）	万円
現役時代全期間の平均年収	400 万円		

※65歳以降の家計における老後生活費用は、一般的に「現役時代の年収の約7割程度」とも言われています。
厚生年金保険（厚生年金＋基礎年金）の場合は、将来にわたって「現役時代全期間の平均年収」の概ね50%程度を確保するように推奨されていますので、自動での「上乗せ金額」に明確なイメージがない方は、自動で「上乗せする比率」として20%程度を目安に検討ください。
また、自営業の皆様など国民年金（基礎年金）のみの場合には、満額で約78万円（年額）であるため、この金額に対する自動での「上乗せ金額」を検討ください。

試算する

出所：三井住友トラスト・資産のミライ研究所

います。

計画策定

取崩計画は、退職後の生活水準を想定し、公的年金の年金等に、プラスしたいキャッシュフローを「自助」で準備するイメージを具体化するステップです

"何歳" から "何歳" まで？
(積立開始年齢)：あなたの現在の満年齢
(積立終了年齢)：あなたが想定する退職年齢（取崩開始年齢）
(最終年齢)　　：あなたが想定する取崩終了年齢

"どの程度の水準の年金" を『自助』で準備するか
(現役全期間の平均年収)
　現役時代の全期間での平均年収
(所得代替率)
　上記の平均年収にどのくらい上乗せするかを想定
　上乗せしたい「比率」もしくは「金額」を想定
(現在の老後資金準備額)
　現時点で「老後資金」として準備している資金があれば入力

※65歳以降の家計における老後生活費用は、一般的に「現役時代の年収の約7割程度」とも言われています。
厚生年金保険（厚生年金＋基礎年金）の場合は、将来にわたって「現役時代全期間の平均年収」の概ね50％程度を確保するように維持されていますので、自助での「上乗せ金額」に明確なイメージがない方は、自助で「上乗せする比率」として20％程度を目安に検討ください。
また、自営業の皆様など国民年金（基礎年金）のみの場合には、満額で約78万円（年額）であるため、この金額に対する自助での「上乗せ金額」を検討ください。

⑸ 「投資」の効果は、具体的にどれくらいあるのか

　資産運用を行うことの効果は、「積立中に運用をすることで想定される収

図表 4 −21 「積立計画・取崩計画」を「見える化」するツール（出力例）

「取崩開始時」の必要資産額を評価
退職時（65歳）から100歳まで、公的年金に年額80万円（月額6.7万円）
を上乗せする原資を自助で準備するためには、年間33万円（毎月2.8万
円）を退職時まで積み立てる必要があります。

積立中の想定利回りを３％、取崩中の想定利回りを２％と設定
すると、

その予定収益は、
・積立中が845万円
・取崩中が800万円
運用により「資産寿命」を延ばせる年数は、
・20.6年

…と算出されます。

出所：三井住友トラスト・資産のミライ研究所

益」が845万円、「取崩中に運用をすることで想定される収益」が800万円、
積立投資による「資産形成」とセカンドライフでの「資産活用」で「運用に
より資産寿命を延ばせる年数」は20.6年となっています。

　30歳の時点でセカンドライフの備えがまったくない状態で、退職時（この

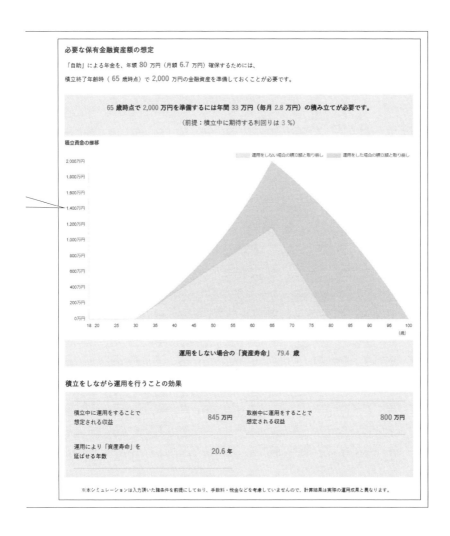

必要な保有金融資産額の想定

「自助」による年金を、年額80万円（月額6.7万円）確保するためには、

積立終了年齢時（65歳時点）で2,000万円の金融資産を準備しておくことが必要です。

65歳時点で2,000万円を準備するには年間33万円（毎月2.8万円）の積み立てが必要です。

（前提：積立中に期待する利回りは3％）

積立資金の推移

運用をしない場合の積み額と取り崩し　　運用をした場合の積立額と取り崩し

運用をしない場合の「資産寿命」　79.4歳

積立をしながら運用を行うことの効果

積立中に運用をすることで想定される収益	845万円	取崩中に運用をすることで想定される収益	800万円
運用により「資産寿命」を延ばせる年数	20.6年		

※本シミュレーションは入力頂いた諸条件を前提にしており、手数料・税金などを考慮していませんので、計算結果は実際の運用成果と異なります。

場合65歳時点）に2,000万円の資産を確保するというのはハードルが高いように感じるかもしれませんが、そのために必要な「毎月2.8万円」の積立額というのは、例えば、年金財形やiDeCoで毎月1.8万円を積み立てるとしたら、残りの1万円を「NISA制度（つみたて投資枠）」で取り組めば到達する水準

図表4−22 「公的年金」の繰下げ受給を活用する事例（全体像）

・公的年金の受給開始を70歳まで繰り下げることを念頭に、65〜70歳までを
「自助」で準備する場合

シミュレーションの前提条件 (半角数字で入力ください)

積立期間・取り崩し期間の設定

積立開始年齢　[30　▼] 歳　　積立終了年齢
（＝取崩開始年齢）　[65　▼] 歳

最終年齢
（＝取崩終了年齢）　[70　▼] 歳　　65〜70歳までを「自助」で準備

運用利回りの設定

積立中に期待する利回り
（上限20%）　[3] %　　取崩中に期待する利回り
（上限20%）　[2] %

運用資金・取り崩し金額の設定

現時点で準備している老後資金　[0] 万円　　　公的年金への「自助」での上乗せ(※)
　● 現役時代全期間の平均年収の　[70] %
　または
　○ 金額（年額）　[　　] 万円

現役時代全期間の平均年収　[400] 万円　　平均年収の70%を生活費と想定

※65歳以降の家計における老後生活費用は、一般的に「現役時代の年収の約7割程度」とも言われています。
　厚生年金保険（厚生年金＋基礎年金）の場合は、将来にわたって「現役時代全期間の平均年収」の概ね50%程度を確保するように維持されていますの
　で、自助での「上乗せ金額」に明確なイメージがない方は、自助で「上乗せする比率」として20%程度を目安に検討ください。
　また、自営業の世帯など国民年金（基礎年金）のみの場合には、満額で約78万円（年額）であるため、この金額に対する自助での「上乗せ金額」を検
　討ください。

試算する ●‐‐‐‐‐‐‐‐‐‐‐‐‐

出所：三井住友トラスト・資産のミライ研究所

ということです。

　給与天引きの年金財形や、会社が拠出している企業型確定拠出年金（DC
年金）の掛け金による資産は、セカンドライフへの備えとして考えることが

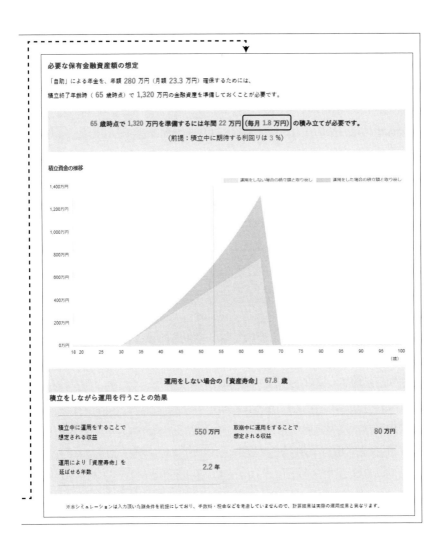

必要な保有金融資産額の想定

「自助」による年金を、年額 280 万円（月額 23.3 万円）確保するためには、

積立終了年齢時（65 歳時点）で 1,320 万円の金融資産を準備しておくことが必要です。

65 歳時点で 1,320 万円を準備するには年間 22 万円（毎月 1.8 万円）の積み立てが必要です。

（前提：積立中に期待する利回りは 3 %）

積立資金の推移

運用をしない場合の積立額と取り崩し　　運用をした場合の積立額と取り崩し

1,400万円
1,200万円
1,000万円
800万円
600万円
400万円
200万円
0万円

18 20　25　30　35　40　45　50　55　60　65　70　75　80　85　90　95　100
(歳)

運用をしない場合の「資産寿命」　67.8 歳

積立をしながら運用を行うことの効果

積立中に運用をすることで想定される収益	550 万円	取崩中に運用をすることで想定される収益	80 万円
運用により「資産寿命」を延ばせる年数	2.2 年		

※本シミュレーションは入力頂いた諸条件を前提にしており、手数料・税金などを考慮していませんので、計算結果は実際の運用成果と異なります。

できますので、既に、そういった制度を活用して、いくらかの資産を確保し
ている方にとっては、さらに、必要な積立額は少なくなります。

⑹ 「公的年金」の繰下げ受給を活用すると、必要な積立額はどう変わるのか

　図表4−22は、「公的年金の繰下げ受給」を活用することをイメージした「積立計画・取崩計画」です。

　具体的には、公的年金の受給開始を70歳まで繰り下げることを念頭に、65歳から70歳になるまでを「自助」で準備することを想定しています。公的年金で「現役時代全期間の平均年収（手取り）」の5割程度が確保されるとして、受給開始年齢を65歳から70歳へ繰り下げると、この5割程度が42％アップ（＝0.7％×60カ月）して、70歳以降は公的年金だけで7割程度を確保できることになります。そう考えますと、「自助」では65歳から70歳になるまでの「5年分」だけ準備するという方法も合理的な選択肢の1つとなります。

　この事例では、入力項目を以下のとおりとしています。

・**年齢に関する項目**：「積立開始年齢」が30歳、「積立終了年齢」が65歳、「最終年齢（＝取崩終了年齢）」は70歳
・**利回りに関する項目**：「積立中に期待する利回り」を3％、「取崩中に期待する利回り」を2％と、図表4−20と同条件
・**運用資金・取崩金額に関するもの**：「現時点で準備している老後資金」は0円、「現役時代全期間の平均年収（手取り）」は400万円と、これらの項目も図表4−20と同条件。「公的年金への自助での上乗せ（現役時代全期間の平均年収（手取り）に対する割合または年間金額）」は、65歳から70歳になるまでの期間を全額賄えるように70％と設定

　図表4−22の出力項目を確認しますと、退職時点（65歳）での必要資産額が1,320万円、65歳から70歳になるまでの期間、年間280万円（＝400万円×70％）ずつ「上乗せ」しようとすると、年間22万円（毎月1.8万円、図表4−3の資産形成比率pは5.5％）を退職時まで積み立てればよいということに

なっており、図表4－21の「年間33万円（毎月2.8万円）よりも少ない積立額ですむことが分かります。

(7)　シミュレーションツールは「複雑すぎず、簡単すぎず」がポイント

　PPPツールは、「セカンドライフは完全に退職する」「一旦、仕事をストップした後、再度、働く」あるいは「70歳までは継続して働く」など、一人ひとりの考え方に応じて、セカンドライフにおける「勤労収入」の水準を想定し、セカンドライフの「生活費」は、例えば、現役時代の生活費の7～8割程度をイメージしたうえで、公的年金の水準をイメージしながら、自身のパターンに合わせて「積立計画・取崩計画」を策定できるようなツールになっています。

　金融機関やファイナンシャル・アドバイザーの方々が装備しているライフプランシミュレーションは、極めて汎用性は高いものの、入力項目が多すぎる場合もあります。こういったツールは、例えば、50～60代ぐらいで、自分自身や家族・親の健康状態、自宅の状況、相続なども含めて、ある程度、解像度を高く入力できる場合には有効なシミュレーションツールとなります。

　しかしながら、20～40代ぐらいであれば、そもそも定年まで同じ会社に勤務するかは分からず、退職時の健康状態（自分自身や家族）なども分からない、相続・介護のことも分からない、というような状況です。

　そうなりますと、「公的年金」に上乗せする「自助」を想定して、私たち一人ひとりが自分自身のセカンドライフは何とかなりそうであるという目安が分かって、安心感がもてるような「積立計画・取崩計画」を手軽に策定できるツールのほうが有効であるように思えます。

　実際に、このようなことを念頭に置いて作成したPPPツールを三井住友信託銀行の「社員向け研修」で活用してみたところ、「どれぐらい準備しておけば安心できるのか、その目安が分かった」「セカンドライフのマネープランが見える化できて、積立投資を始めようと思った」といった声などが多数

あり、20〜40代が求めるシミュレーションツールに近いものになっているのではないかと考えています。

第7節　「積立計画・取崩計画」を実額でなく「年収倍率」で考える！

昭和の婚約指輪は「給料 3 カ月分」、令和の老後資産形成は「年収の 3 ～ 5 年分」!?

　図表 4 －21では、「自助」で「現役時代全期間の平均年収（手取り）」の20％、100歳になるまでの取崩を想定する場合、退職時（65歳）での「必要資産額」は2,000万円となり、図表 4 －22の「自助」で「現役時代全期間の平均年収（手取り）」の70％、70歳になるまでの取崩を想定する場合の退職時（65歳）での「必要資産額」は1,320万円となっています。

　このようにそれぞれのケースで、実額の水準として確認できるようになっていますが、今後、数十年先のことを想定した場合には、物価変動（インフレやデフレ）による実質的な「貨幣価値」の変動も気になるところです。種々の前提を置けば、「物価変動」や「給与水準のカーブ」を織り込むことも不可能ではありませんが、シミュレーションの前提を複雑にしすぎると実践での使用が困難になるという弊害もあります。

　むしろ、「積立計画・取崩計画」を定期的に見直す際に、想定する「現役時代全期間の平均年収（手取り）」の水準見直しを検討するほうが実践的であるように思えます。さらにいえば、**「積立計画・取崩計画」の目安として、「必要資産額」が「現役時代全期間の平均年収（手取り）」の何倍か（年収倍率）で捉える方法も実践的で分かりやすいと考えています。**

　最近は耳にすることが少なくなりましたが、昭和の時代の「婚約指輪は給料の 3 カ月分」というのと同じようなイメージです。

　図表 4 －23は、図表 4 －21と図表 4 －22のそれぞれのケースの「必要資産額」の推移を年収倍率で表したものです。

図表 4 −23 「年収倍率」でみた「必要資産額」の推移

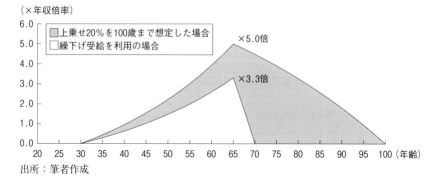

出所：筆者作成

図表 4 −24 各年齢時点での「必要資産額」に対応する「年収倍率」

	30歳	40歳	50歳	60歳	65歳
上乗せ20％、100歳までの場合：図表 4 −20の前提	× 0 倍	×0.9倍	×2.2倍	×3.9倍	×5.0倍
繰下げ受給を利用の場合：図表 4 −22の前提	× 0 倍	×0.6倍	×1.5倍	×2.6倍	×3.3倍

出所：筆者作成

　図表 4 −24は、30歳、40歳、50歳、60歳、退職時（65歳）において、「年収倍率」が何倍となるかを、図表 4 −20と図表 4 −22のそれぞれのケースでまとめたものです。

　公的年金の繰下げ受給を行うかどうかを早い段階で決め打ちするのが困難であれば、例えば「40歳では0.6倍〜0.9倍ぐらい」「50歳では1.5倍〜2.2倍ぐらい」が「積立計画」の目安と考えて取り組むような方法も考えられます。

　この例では、「令和の時代」は「（退職時の）老後資産形成は年収の 3 〜 5 倍分」が目安で、そのために、30歳から65歳になるまでの間に積み立てる必要がある「資産形成比率は5.5〜8.3％程度」というイメージになります。

第 8 節 | 「インフレ」がマネープランにもたらす影響をつかもう！

(1) 「積立計画」と「取崩計画」、インフレはどちらに深刻な影響があるのか

　我が国においては、「平成」の約30年は、失われた30年といわれたりもしますが、この間は、総じて「デフレ（物価の下落）の時代」であったといえます。しかしながら、2012年のアベノミクス以降、日経平均株価の反転、異次元金融緩和・円安傾向の継続などがあり、足元ではデフレ脱却・インフレリスクの拡大が鮮明になってきています。

　この「インフレ進行」は、私たち一人ひとりが取り組む「マネープランとしての投資」の「積立計画・取崩計画」にも大きな影響を与えますが、「積立計画」と「取崩計画」のどちらに大きな影響を与えることになるでしょうか。

　最近、「物価上昇に負けない賃金上昇」という言葉をよく耳にします。確

図表 4−25　資産形成期と資産活用期のストック・フローの違い（イメージ）

出所：三井住友トラスト・資産のミライ研究所

かに「手取り収入」が上昇すれば、今後、資産形成に充てる金額も増やすことができますが、セカンドライフのために既に保有している「金融資産」は、預貯金に置いているだけでは、インフレ分だけ実質価値の低下が進行することになります。

　このように考えますと、**資産活用期における「取崩計画」のほうがより深刻な影響を受ける**ことが分かります。図表4-25は、「資産形成期」と「資産活用期」の金融資産のストックとフローの状況をイメージ図にしたものです。「資産活用期」は「資産形成期」に比べて相対的に①**収入**が小さく賃金上昇の恩恵は受けづらい一方で、③**資産**が多く、このストックの金融資産の目減りの影響が相対的に大きくなる、ということです。

コーヒーブレイク ⑤　床屋さんでの会話、「アベノミクスで損をした人は誰？」

　10年近く前のことになりますが、床屋さんでこんな会話をしました。

　「アベノミクスで株価が上がっても、景気がよくなったという実感はないですよ。庶民には全然恩恵がない。一体、誰が喜んでいるんですかね？」と床屋のご主人。

　それに対しては、こんな遣り取りをしました。「日経平均は確かに1万円割れから2万円ほどになっていますから、日本株をもっていた人、これは得をしていますね。土地もジワリと上昇してきましたから、不動産をもっていた人も得をしているんでしょうね。庶民には恩恵がない、というお話がありましたが、働いている人は、そうはいっても、モノの値段もジワリと上昇をしだし、人手不足で賃金も切り上がってきているようです。「都市部では時給1,500円でもコンビニのバイトが集まってくれない」とオーナーさんが困っているというニュースが、先日、流れていました。極端な例として「預貯金がなくて、働いている人」は、ある程度、賃金上昇の恩恵はあるのでしょうね。その一方で「収入はな

いが、預貯金を沢山もっている人」は、モノの値段がジワリと上昇して
きたことで、もっている預貯金で買えるものが減っている、実質価値が
目減りしているということになりますね。**「収入はないが、預貯金を沢
山もっている人」が一番、損をしているのかもしれない**ですね。日銀は
２％のインフレターゲットといっていますが、1,000万円あれば１年で
20万円の目減りですから、これが毎年、積み重なると、預貯金が多けれ
ば多いほど、その影響が深刻になりますね」

　あのときの会話が、足元では、より深刻になってきているようにも思
えます。大阪万博（1970年）、オイルショックを小学生時代に経験した
私の記憶では、「たこ焼き」でいいますと、「１年生のとき10円で５個」
も買えましたが、「６年生の頃には100円で８個」になっていたように思
います。オイルショックもバブル景気も経験してきた60代以上の世代は
「インフレは怖い」という実感がありますが、これまでシビアな「イン
フレ」を経験なさっていない方々は、図表４－25の「資産形成期と資産
活用期のストック・フローの違い」を頭の片隅に置いておいて、ご自身
の金融資産への影響度合いについて、臨場感をもってイメージしておい
たほうがよいかもしれません。

(2)　インフレを考慮すると、「取崩計画」の形状はどのように変化するのか

　インフレの影響を「考慮しない場合」と「考慮する場合」で、「取崩計
画」の形状にどのような影響が生じるのかを説明いたします。

　図表４－12によれば、退職後時代の収入と支出の等式は「生活費」＝「勤
労収入」＋「年金収入」＋「資産収入」でした。この等式の各要素を改めて
確認してみますと、「生活費」はインフレに連動し、公的年金による「年金
収入」はインフレ分も考慮して中長期的に実質的な価値をある程度は維持す
るような仕組みになっています。

⑶　65歳、2,000万円の資産を毎年100万円ずつ取り崩す事例

　セカンドライフの「勤労収入」は、そもそも想定していないかもしれませんし、想定している場合には、こちらもある程度は賃金上昇が見込めるとしたら、インフレの影響を考慮すべきは「資産収入」ということになります。

　図表4－26では、まず、入力項目を以下のとおりとしています。

・**年齢に関するもの**：現在の年齢は65歳、受取り終了を男性の死亡年齢最頻値（令和4年簡易生命表）の88歳と設定

・**金額に関するもの**：現在、保有している資産額を2,000万円、毎年の取崩額は、現役時代の平均年収（手取り）を500万円、「自助年金」としての所得代替率を20％として、100万円と設定（＝500万円×20％）

・**利回り・インフレに関するもの**：予定利率を3％、インフレ率を2％と設定

　出力結果は図表4－26のとおりで、インフレが発生せず、セカンドライフ

図表4－26　資産活用・承継のシミュレーション

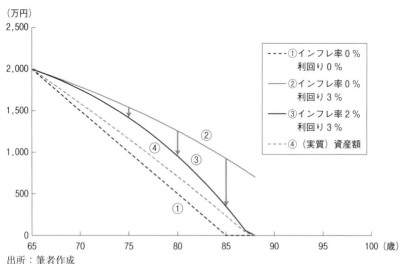

出所：筆者作成

で資産運用もしない場合は、グラフ①のように、資産寿命は85歳となります。

　年３％で資産運用しながら取り崩す場合は、グラフ②のとおりとなり、88歳到達時点で702万円の運用資産が残ることとなります。

　インフレ率の２％を織り込んだ場合、毎年の取崩額は、毎年のインフレ率分だけ大きくなり、グラフ③のとおり、88歳到達時には資産が枯渇する結果となります。

　現実的には、インフレ率の２％や予定利率の３％に対して、毎年のインフレ実績や運用実績には乖離が生じるでしょうから、まず、計画段階においては、図表４−26のグラフ②とグラフ③の間ぐらいで「取崩計画」が推移していくというようにイメージしておき、定期的に「実際の保有資産」と「当初の取崩計画における資産額」の乖離状況をチェックし、必要に応じて見直していくような運営が実践的であるように思えます。

⑷　５年後（70歳）時点で、「取崩計画」を見直す事例

　図表４−27は、図表４−26から５年が経過したところで、「取崩計画」を見直している事例です。

　入力項目は、以下のとおりとしています。

- **年齢に関するもの**：現在の年齢は70歳、受取り終了は65歳時点の計画と同様に88歳と設定
- **金額に関するもの**：現在、保有している資産額は1,800万円、毎年の取崩額は、５年間の実績をふまえて110万円と設定
- **利回り・インフレに関するもの**：予定利率を３％、インフレ率を２％と設定

　出力結果は図表４−27のとおりで、今後も、年率２％のインフレと３％の運用利回りが継続するとすれば、88歳到達時点で０円になる「取崩計画」となっており、全体的に65歳時点での計画とほぼ変化がないことが確認できます。

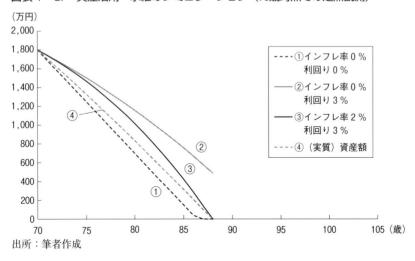

図表4－27　資産活用・承継のシミュレーション（70歳時点での定点観測）

出所：筆者作成

　以上のように、実際の資産額や支出額の推移と、「取崩計画」を策定した
ときの見込みの乖離状況を定期的にチェックし、数年に1回程度、「取崩計
画」をリバイスしていくような運営が実践的です。

　このようなPDCAサイクルの実践方法は、確定給付型企業年金における
「財政検証」「財政再計算」と同様のフレームワークといえます。

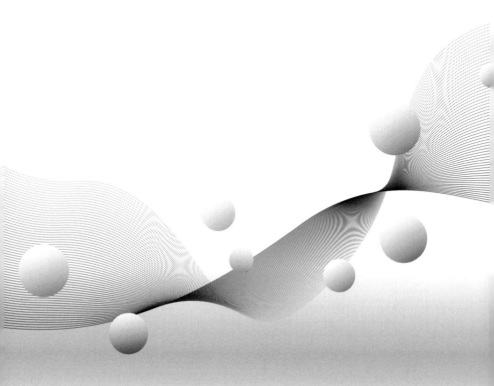

第 **5** 章

「リスク許容度」の再考
― 「積立計画・取崩計画」をふまえた
「投資性資産への投資割合」
（個人版年金ALM）―

〈イントロダクション〉

　第２章の最後に、人生100年時代、「令和」という可能性のある時代を、自分らしく生きていくための「マネープラン」の"背骨"に該当するものが、「老後資産形成」を見据えた「積立計画・取崩計画」の策定（家づくりでいえば「どう暮らしていきたいか」）であり、その「マネープラン」を実践していく際の「投資性資産への投資割合」（家づくりでいえば「間取り」）であると述べました。

　ここまでは、「積立計画・取崩計画」の策定方法やその内容を説明することに主眼を置いてきましたので、予定利率については「何の断りもなし」に、例えば、積立期間中は３％、取崩期間中は２％というように入力値を設定してきました。

　しかしながら、本来は、この予定利率を大きな数字とすれば、より少ない積立額で「積立計画」を策定することができますし、その一方で、この予定利率を５％、10％と大きくしていきますと、そのようなハイリターンを目指すためにはハイリスクの投資になる、というトレードオフの関係があり、それらがバランスする「リスク／リターン水準」を見つけていく必要があります。

　どの程度まで、ハイリスク／ハイリターンの投資を行うことができるのかは、「投資性資産への投資割合」（家づくりでいえば「間取り」）に依存するはずです。この投資割合を定量的に定めていくためには、「マネープランとしての投資」の場合の「リスク許容度」を、実践的かつ納得感のあるかたちで定義していく必要があると考えます。

　第５章では、第４章で述べた「老後資金」の不安解消につながる「積立計画・取崩計画」を"土台"にしたうえで、「マネープランとしての投資」における「リスク許容度」の概念を再定義し、私たち一人ひとりに相応しい「安全資産と投資性資産の適切な割合」を評価していく方法（個人版年金ALM）を中心に説明いたします。

分かっているようで、本当は分かっていない「リスク許容度」という考え方を掘り下げてみよう！

(1) 「マネープランとしての投資」における「リスク許容度」の再考

「マネープランとしての投資」を定義した場合に、2つ目の「趣味としての投資」と同じような「リスク許容度」の考え方を適用できるかについて、まず、考察してみます。

「金融商品の販売業者やファイナンシャル・アドバイザーの方々は、一人ひとりの"リスク許容度"に応じて提案すべきである」ということには、誰もが異論がないように思えます。投資教育の"リスク許容度"の説明で定説となっている項目に「金融資産が多いほど、投資経験が豊富なほど、"リスク許容度"が大きい」というものがあります。

「つみたてNISA」の導入以降は、20代、30代のNISA口座開設件数も増加し、積立投資を開始する人も着実に増加しています。

そのような投資の場合には、「積立投資はドル・コスト平均法で安心だから、株に投資し続ければよい」というような論調を耳にすることもあれば、「年齢に対して、株式投資割合の目安は（100－年齢）％であり、若いほど"リスク許容度"が高い」といわれることもあります。

一般的には、若い人のほうが「金融資産は少ないし、投資経験も乏しい」のではないでしょうか。このことは、「リスク許容度」の定説となっている**「金融資産が多いほど、投資経験が豊富なほど、リスク許容度が大きい」**と、「マネープランとしての投資」で想定するような長期・積立投資における**「リスク許容度」は、同一の概念で語るには無理があるということを示唆**しているように思えます。

これら、一見、矛盾するように思える「リスク許容度」の概念を紐解くカギは、「マネープランとしての投資」における「積立計画・取崩計画」にあります。

　投資理論での「リスク」は一般的に使われるリスクの概念とは違い、「下振れだけでなく上振れも含めてリスクと呼び、資産の振れ幅の大きさを表すものである」という説明はよく聞きますが、資産形成・資産活用において意識すべき「積立計画・取崩計画」があるということは、「計画どおりにはならない」という、そのこと自体も「リスク」といえるはずです。

(2)　資産形成・資産活用における"リスク"は、"運用リスク"と"計画どおりにはならないリスク"

　投資理論における「リスク」を「運用リスク」と呼ぶことにしますと、この「運用リスク」は"リターンのブレ"（標準偏差）で定量的に評価できます。投資対象や投資タイミングの分散度合いなどによって、"リターンのブレ"具合が変わります。

　「マネープランとしての投資」を想定する場合には、「運用リスク」だけでなく、「積立計画・取崩計画」がありますので、「計画どおりにはならないリスク」も考える必要があります。

　極端な例ではありますが、老後資産形成として想定する金額に対して、自身の積み立てられる金額を貯蓄するだけでは足りないにもかかわらず、貯蓄だけで準備する場合を想定しますと、「運用リスク」はほぼ0％といえますが、「計画どおりにはならないリスク」は100％となります（図表5－1）。

　「一括投資」で、できれば儲けたいが、最悪、元本割れしなければよいという投資の場合であれば、ここでいう「運用リスク」に着目することが重要となりますが、「マネープランとしての投資」の場合は、「積立計画・取崩計画」がどのような形状になるのか、また、その「積立投資」の段階から、年数の経過とともに、どのように「一括投資化」していくのかといった全体イメージをつかむことが重要になります。

図表 5 - 1 「運用リスク」と「計画どおりにはならないリスク」

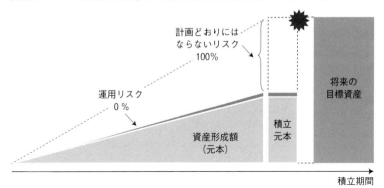

出所：筆者作成

(3) 「積立投資」の「一括投資化」

　「積立投資」では、定期的に購入する部分は「単価が安いときに多く購入できて、単価が高いときには少なく購入すること」になります。その一方で、そのときまでに購入して積み上がっている資産については、その時点で「一括投資」したことと同じ状態になります。

　例えば、年間12万円（1カ月当たり1万円）の積立投資を50年間継続する場合、積立開始時は「積立額は0円、これからの積立予定額は600万円（＝12万円×50年）」となります。

　仮に、運用利回りが2％で10年間積立投資をしたとしますと、10年後には積立額が約131万円、その後の積立予定額（元本ベース）は480万円（＝12万円×40年）と見込まれます。見方を変えれば、「10年後の時点で、約131万円の一括投資と、その後は毎年12万円の積立投資を40年計画していること」と同じ状態になっています。つまり、初期積立額0円で開始した「積立投資」は、積立開始後は、ある時点までの積立額分（元利合計額）だけの「一括投資」と、その後の「積立予定額」を組み合わせたものになることが分かります。当然、時間の経過とともに、「一括投資」部分が大きくなり、その後の

図表5−2 積立投資割合の推移──経年による「一括投資化」

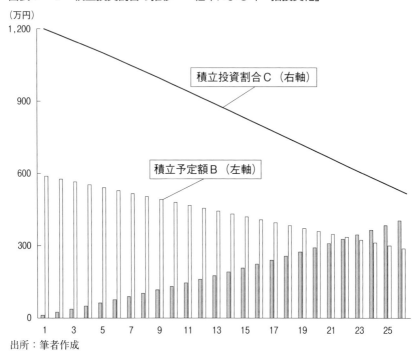

出所：筆者作成

「積立予定額」は小さくなっていき、50年後には「一括投資」部分のみになります。

　ここで、仮に「積立額Ａ＋（その後の）積立予定額Ｂ」に対する「（その後の）積立予定額Ｂ」の割合を「積立投資割合Ｃ」と定義しますと、積立開始前は「積立投資割合Ｃ」が100％、50年後の「積立投資割合Ｃ」は０％、つまり、50年後は積立額の100％を「一括投資」したことと同じことになります（図表5−2）。

　図表5−2からも、「積立投資割合Ｃ」は徐々に低下していき、どんどん「一括投資」している状態に近づいていく様子を確認できます。

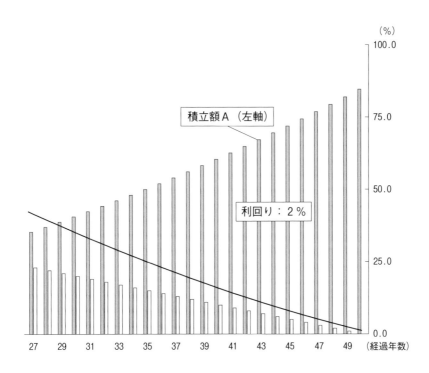

⑷ 積立投資の「一括投資化」に伴う「運用リスクの拡大」と「投資性資産への投資割合変更」

　積立投資が時間の経過とともに「一括投資化」していくことを確認しましたが、この「一括投資」部分のリスクを、シンプルな例で考察してみます。

　仮に、「1年間の資産運用による損失として10万円までは我慢できる」というAさんがいた場合、「積立額」が100万円のときに1年間のリターンが－5％となっても、損失額は5万円（＝100万円×5％）で我慢できる範囲内ですみますが、「積立額」が300万円のときには、損失額は15万円（＝300万円×5％）となってしまい、我慢できる範囲を超えてしまうことが分かります。

このように「一括投資」部分が大きくなっていくと、同じ損失割合（－５％）でも、「一括投資」分の「積立額」が大きくなるほど運用損失額が大きくなります。さらに、その運用損失額を補うために、その後の「積立予定額」を大きくするように積立計画を見直すことを考えますと、その後の積立期間が短くなればなるほど、短期間で「積立予定額」を増加させることが必要となり、１年当たりの積立額の引上げ割合も大きくなります。

　このようなことから、積立予定額を定めて計画的に積み立てていく「マネープランとしての投資」である場合には、積立投資を開始した段階では、ハイリスク・ハイリターンの投資対象（例えば、株式投資）の割合を高めに運用して、計画以上の資産を積み上げることを狙いつつ、その後、順調に資産が積み上がって「目標とする金額」に早く近づいてくればくるほど、徐々にハイリスク・ハイリターンの投資対象（例えば、株式投資）の割合は低下させていったほうがよいということになります。

　もちろん資産が積み上がっていく段階で、計画を下回っている状態が続くようであれば、計画自体の見直し（例えば、目標額の引下げ、今後の積立額の引上げ、積立期間の延長、目標利回りの引上げ、など）を検討する必要がありますが、これらのPDCAサイクルの考え方の詳細は、第５章第５節で説明いたします。

　いずれにしましても、パーソナルファイナンスの分野で、このような関係を定量的に評価して、「リスク許容度」に応じた「安全資産と投資性資産の適切な割合」を導出するようなフレームワークを構築するとともに、「老後資産形成・資産活用」の促進に資するようなツールをコンサルティングの現場に実践配備していけるのかが、「貯蓄から資産形成」推進のカギになると思えます。

　なお、企業年金の資産運用で「成熟度が高まるほど（年金資産額が大きくなるほど）リスクを逓減させていくほうがよい」と一般的にいわれている背景には、同じような考え方があると思われます。

第 2 節 | 予定積立額の増減（積立計画の成熟化）に伴う運用リスクの変化

(1) 投資割合の設定方法

　積立開始年齢(X)、退職年齢(R)、最終年齢(T)としますと、現在年齢(t)における予定積立額($L(t)$)は、（式 1 ）に記載のとおり定式化できます（式の展開については本章の補論 1 を参照）。

$$L(t) = p \cdot N \cdot (v^{(X-t)} - 1)/i + F_0 \cdot v^{(X-t)} \quad (X \leq t \leq R)$$
$$L(t) = s \cdot N \cdot (1 - v^{(T-t)})/i \quad\quad\quad\quad (R \leq t \leq T) \quad\quad\quad (式 1)$$

　「マネープランとしての投資」では「計画どおりにはならないリスク」を考慮する必要があると述べましたが、（式 1 ）の「積立計画・取崩計画」を実践していくにあたって、このリスクを「**運用不芳であった場合、その後の年間積立額($p \cdot N$)を引き上げるように計画を見直す必要が出てくること**」と読み替えますと、「積立計画・取崩計画」を「**ある一定規模以上の積立不足となった場合には、計画見直しが必要な仕組み（≒確定給付型企業年金の財政検証・財政再計算の仕組み)**」と捉えることができます。

　このことは「年金運用におけるリスクテイクは年金制度の積立状況（年金資産と債務の関係）を考慮して決定すべきである」という年金ALMの手法を活用できることを意味します。

　以下では、井戸照喜「ライフプラン等を踏まえた目標資産額と投資割合の設定・フォローアップについて―年金ALM手法を活用した資産形成のフレームワーク構築に向けて―」（証券アナリストジャーナル、2021年 9 月号）の主要部分を抜粋して検討を進めます。

積立中は「積立不足の可能性を限定する一方で、積立資産額の最大化を図る」と考えますと、この制約条件は以下のように記述できます。

　　1年後の積立不足額が今後の積立額のｂ％以上となる確率をａ％以下にする「投資割合」のうち、期待リターンが最も高くなるものを選択する。

　　　　　　　　　　　　　　　　　　　　　　　　　　　　　　（制約条件1）

　例えば、ｂ＝20％、ａ＝10％とすると、積立計画の見直しにあたって、40万円の年間積立額(p･N)の場合ならば、1年間の積立不足で、今後の年間積立額(p･N)を48万円（＝40×1.2）に引き上げなければならないような確率が10％以下になる「投資割合」を選択することです。

　ここでいう積立中の「投資割合」は、年間積立額(p･N)を安全資産と投資性資産に振り向ける場合の投資性資産の割合とします。

　取崩中は、もはや積立不足をその後の年間積立額で埋め合わせることができないため、当初に想定した年齢まで取崩を継続する場合には、毎年の取崩額を減額するように「取崩計画」を見直す必要があります。

　そう考えますと、取崩期間中の制約条件は以下のとおりとなります。

　　1年後の積立不足額が今後の取崩額のｄ％以上となる確率をｃ％以下にする「投資割合」のうち、期待リターンが最も高くなるものを選択する。

　　　　　　　　　　　　　　　　　　　　　　　　　　　　　　（制約条件2）

　例えば、ｄ＝5％、ｃ＝10％とすると、取崩計画の見直しにあたって、80万円の年間取崩額の場合ならば、1年間の運用不足で、今後の年間取崩額(s･N)を76万円（＝80×0.95）に引き下げなければならないような確率が10％以下になる「投資割合」を選択するということになります。

　ここでいう取崩中の「投資割合」は、積立資産額を安全資産と投資性資産に振り向けているとした場合の投資性資産の割合とします。

⑵　制約条件の定式化

　現在年齢 t における積立資産額$(F(t))$、剰余金率$(f(t)=F(t)/L(t)-1)$、今後の積立額の現価$(N(t))$、投資ポートフォリオのリターンを確率変数(r)、期待リターン(μ)、標準偏差(σ)として、a％に対応する偏差Z_aを正規分布表から与えることにより、積立中の（制約条件１）を定式化しますと以下のとおりとなります（式の展開については本章の補論２を参照）。

$$\Pr\{F(t)\cdot(1+r)-L(t)\cdot(1+i)\geqq-(1+i)\cdot N(t)\cdot b\}\geqq(100-a)\%$$
$$\Leftrightarrow\mu\geqq Z_a\cdot\sigma+g(t) \tag{式2a}$$
$$g(t)=\{i-b\cdot(1+i)\cdot N(t)/L(t)-f(t)\}/\{1+f(t)\}$$

　取崩中の（制約条件２）は、今後の取崩額（現価）が$(1+i)\cdot L(t)$であるから、以下のとおり定式化できます（式の展開については本章の補論３を参照）。

$$\Pr\{F(t)\cdot(1+r)-L(t)\cdot(1+i)\geqq-(1+i)\cdot L(t)\cdot d\}\geqq(100-c)\%$$
$$\Leftrightarrow\mu\geqq Z_c\cdot\sigma+g(t) \tag{式3}$$
$$g(t)=\{i-(1+i)\cdot d-f(t)\}/\{1+f(t)\}$$

⑶　予定積立額の増減（積立計画の成熟化）に伴う運用リスクの変化

　⑵で定式化した制約条件を用いて、積立計画の策定後、予定積立額の増減（積立計画の成熟化）に伴い投資割合がどのように変化するのかについて検討します。

　個人投資家の株式投資割合は（100−年齢)％といわれることがあるように、「年齢」を変数にして投資割合を変化させる考え方があります。（100−年齢)％というのは分かりやすい関係ではありますが、同じ「年齢」であっ

ても個々人の「リスク許容度」が異なること、あるいは「積立開始年齢」や「初期積立額の有無」によって運用リスクが変化することを、株式投資割合の違いとして反映することはできません。

　例えば、20歳の株式投資割合を純粋な運用リスクだけから評価すれば100％であるかもしれませんが、（100－年齢）％に従えば、個人投資家の株式投資割合は80％程度ということになってしまいます。（100－年齢）％という考え方には、純粋な運用リスクだけでなく、投資経験や投資商品の理解度などの要素も加味されているからかもしれませんが、投資経験や投資商品に対する理解度などは、「年齢」だけでなく個々人の差が大きいため、適用にあたっては個々人の状況の違いを補正する必要があります。

　そこで、予定積立額の増減（積立計画の成熟化）による運用リスクの変化を表す成熟度指標を「年齢」に代わるものとして定義して、その指標を用いて積立中の制約条件（式2 a）を定式化することにします。年金制度と同様に、私たち一人ひとりの「積立計画・取崩計画」でも、最終的な「取崩額」は「（毎年の）積立額」と「予定積立額から発生する運用収益」で賄うことになります。

　ここで、「予定積立額から発生する運用収益」が不足した場合には、追加の積立額が必要となることを考慮しますと、「（毎年の）積立額」と「予定積立額から発生する運用収益」の割合により、「運用収益の変動」が「追加の積立額の変動」に与える影響度合いが異なることが分かります。そこで、予定積立額の増減（積立計画の成熟化）を表す成熟度指標として、以下の指標を定義することとします。

　成熟度指標m＝（積立計画全体として予定されている収入）に占める

　　　　　　　（予定利率による収入）の割合

　　　　　　＝（予定利率による収入＋年間積立額）に占める

　　　　　　　（予定利率による収入）の割合

この指標を変形していくと以下が得られます（式の展開については本章の補論4を参照）。

$X \leq t < R$では、成熟度指標$m(t)$

$\quad = L(t) \cdot i / \{L(t) \cdot i + p \cdot N\} = i / \{i + p \cdot N / L(t)\}$

（式1）より$p \cdot N / L(t) = \{(v^{(X-t)} - 1) / i + F_0 / (p \cdot N) \cdot v^{(X-t)}\}^{(-1)}$を代入し整理すると、

$\quad = 1 - v^{(t-X)} / (1 + k \cdot i)$　（ただし、$k = F_0 / (p \cdot N)$）　　　　（式4）

（なお、取崩中の$R \leq t$では、$m(t) = 1$）

このように予定積立額の増減（積立計画の成熟化）を表す成熟度指標$m(t)$を定義しますと、以下の2つのことが分かります。

➤ $v < 1$であるため、「積立開始年齢Xと現在年齢tの差」が大きくなるに従って、成熟度指標$m(t)$が増加する

➤ 同じ年齢tにおいても、「初期積立額の年間積立額に対する割合k」が大きいほど成熟度指標$m(t)$も大きくなる

これらから、成熟度指標$m(t)$は、以下のとおり、定性的にも分かりやすい指標となります。

➤ $m(t)$は、積立中は経過年数に従って単調に増加し退職年齢Rで最大となる

➤ $m(t)$の取りうる範囲は$0 \leq m(t) \leq 1$

➤ $m(t)$は、kとiが所与であれば、$v = 1 / (1 + i)$であるから、今後の積立期間$(t-X)$のみを変数とした関数である

一般的に、年金制度の成熟度を表す指標としては「加入者数に対する年金受給権者数の割合」や「年間掛金額に対する年間給付額の割合」などがありますが、いずれも制度発足からの経過期間が長くなり年金受給権者が増加す

ること、すなわち、年金受給権者の増加に見合うように年金制度全体の資産額が増加していくことにより大きくなっていく指標であり、成熟度指標m(t)が予定積立額の増加に従って大きくなっていくことと類似性があります。

日本年金数理人会編「年金数理概論〔第3版〕—年金アクチュアリー入門—」（朝倉書店、2020年4月）によれば、「……「成熟度」という概念を利用する意義は、母体企業のリスク許容度（掛金負担余力）が同水準であったとしても「資産運用が年金財政に与える影響度は、年金制度の成熟化に伴って増加する」と考えられる点にある……」と述べられています。

個人投資家の「積立計画」においても、**リスク許容度（「制約条件1のa%やb%」）** が同じ水準であったとしても、**「運用リスクが今後の積立計画に与える影響度は、積立計画の成熟化に伴って増加する」** はずです。

そこで、この成熟度指標m(t)を用いて、（式2a）の（制約条件1）を変形しますと、以下のとおりとなります（式の展開については本章の補論5を参照）。

$$\mu \geq Z_a \cdot \sigma + g(t)$$
$$g(t) = [\{1 - 1/m(t)\} \cdot (1 - v^{(R-t)}) \cdot (1+i) \cdot b - f(t) + i] / \{1 + f(t)\} \quad (式2b)$$
$$(\because （式4）とN(t) = p \cdot N \cdot (1 - v^{(R-t)})/i より)$$

成熟度指標m(t)を新たに導入することで、（制約条件1）を決定するm(t)以外の要素は「退職年齢Rと現在年齢tの差」、予定利率i、剰余金率f(t)、Z_a、bのみとして、（制約条件1）を（式2b）として定式化できたことになります。

```
┌─────────────────────────────────────────────────────────┐
│ ⌇                                                         │
│ ⌇  ┌───┐                                                  │
│ ⌇  第 3 節 │ 計算例による検証                              │
│ ⌇  └───┘                                                  │
│                                                           │
└─────────────────────────────────────────────────────────┘
```

投資割合の推移（「100－年齢」％との比較）

　具体的な計算例を示して、「現在年齢 t 、成熟度指標m（t）、投資割合の関係」の検証等を行ってみます。下表のケースの前提図表５－３では、退職年齢65歳時の予定積立額は2,000万円となり、2,000万円を積み立てるために必要な年間積立額は28万円となります。

　この「積立計画」に対して、（式２a）で示される積立中の（制約条件１）がどのように変化するかを図示します（図表５－４）。

　現在年齢 t が40歳、50歳、60歳の場合の（制約条件１）が表す領域は（σ, μ）平面上でそれぞれの直線の左上側です。

　積立計画上の予定利率 i を示す直線 $\mu = i$ とそれぞれの直線の交点をA、B、Cとし、「予定利率 i と同様の期待リターン μ となるポートフォリオを選択する」としますと、（制約条件１）を満たすためにはポートフォリオ全体の標準偏差σ_pは点A、B、Cの σ 以下である必要があります。

　予定利率 i よりも高い期待リターンのポートフォリオであれば、より高いリスクをとることも可能となりますが、期待リターンの水準を設定することの難易度の高さも考慮して、 $\mu = i$ として「株式投資比率（上限）」を保守

図表５－３　計算例の前提

積立開始年齢	積立終了年齢	最終年齢	予定利率	平均年収	所得代替率	制約条件1	制約条件2
20歳	65歳	100歳	2 %	400万円	20%	a = 10% b = 20%	c = 10% d = 5 %

出所：筆者作成

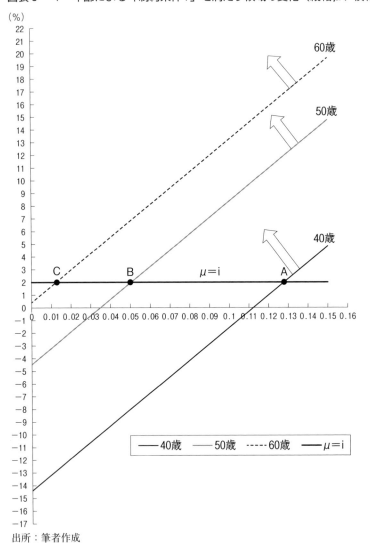

図表5－4　年齢による「制約条件1」を満たす領域の変化（縦軸μ、横軸σ）

出所：筆者作成

的に評価することとします。

　株式投資の標準偏差σ_s、安全資産の標準偏差はゼロ、安全資産と株式の

相関係数はゼロとしますと、投資性資産（株式）への投資割合 w_s （$W_s \leqq$ 100%）は以下のとおり算出できます。

$$\sigma_p = w_s \times \sigma_s, \quad i \geqq Z_a \cdot \sigma_p + g(t)$$
$$\Rightarrow w_s \leqq \{ i - g(t) \} / (Z_a \cdot \sigma_s) \qquad\qquad (\text{式5})$$
$$(\because \text{（式2b）を用いて変形})$$

　株式投資の標準偏差 $\sigma_s = 20\%$ として、現在年齢 t に対する「成熟度指標 $m(t)$」と（式5）で示される「株式投資比率（上限）」の関係を示します（図表5-5）。

　図表5-5には、参考のため、（100-現在年齢 t）％のグラフも表示しますと、このケースでは、40歳で「株式投資比率（上限）」と（100-現在年齢 t）％がほぼ同水準となります。現在年齢 t が40歳より若いときは「株式投資比率（上限）」のほうが大きくなり、40歳を超えますと、逆に「株式投資比率（上限)」のほうが小さくなっていることが分かります。

図表5-5　現在年齢 t に対する「成熟度指標 $m(t)$」と「株式投資比率（上限)」の推移

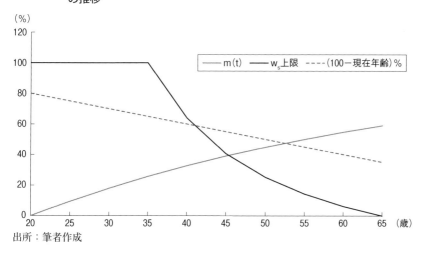

出所：筆者作成

なお、取崩中は（制約条件２）を表す（式３）のとおり、f(t)＝0の場合にはg(t)が年齢 t に依存せず一定の値となることから、「株式投資比率（上限)」も年齢によらず一定（20%）となります。

第4節　計算例に対する考察

(1)　「投資性資産の適切な投資割合」の実践を促す仕組み──若齢期から高齢期に至るまで

　40歳で「株式投資比率（上限）」と（100－現在年齢 t）％がほぼ同水準となり、現在年齢 t が40歳より若いときは「株式投資比率（上限）」のほうが大きく、40歳を超えると逆に「株式投資比率（上限）」のほうが小さくなっていることが分かります。さらに、取崩中は（制約条件２）を表す（式３）から「株式投資比率（上限）」は20％と、年齢によらず一定となります。

　個人投資家の株式投資割合は（100－年齢）％という考え方の中には、純粋な運用リスクだけでなく、投資経験や投資商品の理解度などの要素も加味されているようにも思えます。

　つまり、若齢期は、投資経験が乏しく、投資商品の理解度も低いと考えますと、純粋な運用リスクから評価される「株式投資比率（上限）」よりも（100－年齢）％のほうが低くなることには、一定の合理性があるように思えるし、積立中でも、40〜60歳代ぐらいになれば、投資経験が増えたり、金融資産の蓄積がある程度進んだりすることも考慮すると、逆に、純粋な運用リスクから評価される「株式投資比率（上限）」よりも（100－年齢）％のほうが大きくなることにも一定の合理性があるように思えます。

　取崩中については、金融審議会市場ワーキング・グループ報告書「高齢化社会における資産形成・管理」（2019年6月3日）でも触れられているとおり、高齢になるに従い「認知・判断能力が低下してきたとすれば、顧客自身が自ら資産管理を行うには困難が伴い始める」ため、純粋な運用リスクから評価される「株式投資比率（上限）」が年齢にかかわらず一定となっても、

（100 − 年齢）％に示されるように年齢とともに「投資性資産の適切な投資割合」を減少させていく考え方にも合理性があるといえます。

このように、個人投資家の株式投資割合は（100 − 年齢）％という考え方は、分かりやすさと一定の合理性を兼ね備えていますが、**長寿化が進行する中、資産寿命を延ばすことがこれまで以上に求められることから、「本来、とりうるリスクをとらないというリスク」を極力排除すること**がより重要となってきています。

そう考えますと、中長期的な観点で「積立計画・取崩計画」を策定したうえで、若齢期から高齢期に至るまで、純粋な「運用リスク」から判定される「投資性資産の投資割合」に実際の投資割合を近づけていくことが必要であり、若齢期の投資経験不足などを補完してくれる**「信頼できるアドバイザー」**の役割や、高齢期においては、金融審議会市場ワーキング・グループ報告書「高齢化社会における資産形成・管理」（2019年6月3日）でも述べられているとおり「認知・判断能力が低下・喪失した後であっても、あらかじめ明らかにされた**顧客本人の意思を最大限尊重しながら、適切な金融取引の選択を行える**」ような商品・サービス（例えば、認知症発症後も投資一任サービスによる資産運用を継続でき、解約時期は手続き代理人に委ねることが可能な信託契約）に対する期待が高まっているといえます。

(2) 「成熟度指標 m(t)」を活用した「株式投資割合」の早見表

個人投資家の株式投資割合は（100 − 年齢）％であるという考え方には、前述のとおり、同じ年齢であっても「積立開始年齢」や「初期積立額の有無」によって運用リスクが変化することを考慮することができないという難点があります。

積立中の（制約条件1）を定式化した（式2b）では、「積立開始年齢」「初期積立額の有無」「年間積立額」「予定利率」の要素を取り込んだ「成熟度指標 m(t)」を導入することで、これら要素を考慮した条件式になっていることが分かります。

したがって、「成熟度指標m（t）」と「今後の積立期間（＝退職年齢R－現在年齢t）をパラメータとして「株式投資比率（上限）」に関する早見表を図表5－6のように作成しておくことができます。

「成熟度指標m（t）」は、定義式から、その時点の予定積立額、予定利率、年間積立額から算出できる簡便な指標であり、この指標と「今後の積立期間」から「株式投資比率（上限）」に読み替えることができるため、このような早見表を準備しておけば実務上も活用しやすいといえます。

なお、図表5－6は、（制約条件1）で「a＝10％、b＝10％」とした場合を例示していますが、例えば、「より保守的なケース」では「a＝10％、b＝5％」、「より積極的なケース」では「a＝10％、b＝20％」とするなど、**一人ひとりの「（定性的な）リスク許容度」のレベルの違いにマッチするように複数早見表を準備しておくこともできます。**

図表5－6　「成熟度指標m(t)」と「今後の積立期間」による「株式投資比率（上限）」に関する早見表

（単位：％）

		今後の積立期間（＝退職年齢R－現在年齢t）								
		45	40	35	30	25	20	15	10	5
成熟度指標m(t)	0.1	100	100	100	100	100	100	100	100	68
	0.2	100	100	100	100	100	100	82	57	30
	0.3	100	100	93	83	73	61	48	33	18
	0.4	70	65	60	53	47	39	31	21	11
	0.5	47	44	40	36	31	26	20	14	8
	0.6	31	29	27	24	21	17	14	10	5
	0.7	20	19	17	15	13	11	9	6	3
	0.8	12	11	10	9	8	7	5	4	2
	0.9	5	5	4	4	3	3	2	2	1
（※）$i=2\%$, $a=10\%$, $b=10\%$, $f(t)=0\%$, $\sigma_s=20\%$の場合										

出所：筆者作成

また、このような早見表を活用して、そのリスク水準を満たすようなポートフォリオを構築する際には、この早見表の該当箇所にある「株式投資比率（上限）」×σ_s（20％）を「ポートフォリオ全体」のリスク上限として、投資対象を分散させた効率的な資産配分（いわゆる、国際分散投資。例えば、図表3－11　GPIFの基本ポートフォリオのような資産配分）も選択肢となります。

⑶　「積立計画」で余裕資金がある場合に「投資性資産への投資割合」は、どの程度、増やすことができるのか

　ここまでf(t)＝0のケースについて考察してきましたが、「積立計画」に対して余裕資金があり、f(t)＞0の状態であればその分だけ、同じ「リスク許容度」でもリスクテイクできる割合が増えるはずです。すなわち、余裕資金をバッファーとして、株式投資比率の上限を「○○％→○○％」というように引き上げることができるということになります。

　（式2a）で表される（制約条件1）が示す領域は、「傾きがZ_a、切片がg(t)の直線の線上または左上の領域」ということで、図表5－4は、図表5－3の前提（剰余金率f(t)はゼロ）のときに、制約条件が年齢に対して、どのように変化するのかを示したものですが、同一の年齢の場合でも、剰余金率f(t)が発生していれば、（制約条件1）が示す領域は変化するはずです。

　ここで、（式2b）の切片g(t)を、剰余金率f(t)＝αと置いて、tとαの関数と考え、剰余金率がαの場合とゼロの場合に切片がどれだけ下方にシフトするかを求めてみることにします。

$$g(t, 0) - g(t, \alpha)$$
$$= g(t, 0) - \{g(t, 0) - \alpha\} / (1 + \alpha)$$
$$= \{1 + g(t, 0)\} \cdot \alpha / (1 + \alpha) \quad （ただし、\alpha > 0）$$

　図表5－7のとおり、切片が下方シフトすることにより、制約条件を満たす領域の境界線を表す直線が右に平行移動して、「$\mu = i$（予定利率）」の直線との交点のX座標が右側にシフト（交点P→交点Q）することになります。この点Pと点Qに対応するX軸の値（σ）を求めることにより、剰余金率の水

図表5－7　剰余金による「株式投資比率」の変化

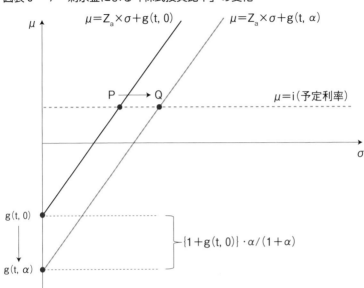

出所：筆者作成

準を定量的に「株式投資比率」の上昇可能幅に読み替えることができます。

　予定利率は平準的な水準として設定しつつ、若齢期には（リスク許容度から示されるリスク上限までの中で）予定利率よりも大きい期待リターンで資産運用し、年齢の経過とともに剰余金を積み上げることができれば、この剰余金をバッファーとして予定利率を上回る期待リターンを目指す運用を行うこともできるということです。

　最近、確定給付型企業年金（DB年金）で、「（中長期的に目指す予定利率は変更せずに）別途積立金をバッファーに投資対象資産のリスク水準を引き上げることを検討すべきではないのか」といった議論を耳にすることがありますが、上記の考え方は、個人の「積立計画・取崩計画」だけでなく、確定給付型企業年金（DB年金）にも応用可能で、その手法は、井戸照喜「年金債務と資産配分について」（日本アクチュアリー会会報、第47号第2分冊、1994年）

で説明しています。

⑷ 「余裕資金があること」と「投資期間が長いこと」は、どちらが「リスク許容度」に対する影響が大きいのか

　余裕資金が多いほど「リスク許容度」は大きい、投資期間が長いほど「リスク許容度」は大きい、といわれますが、それでは、「余裕資金が100万円あるけれど、積立期間は20年」のＡさんと「余裕資金はないけれど、積立期間は30年」のＢさんは、どちらのほうが「リスク許容度」が大きい、すなわち、「投資性資産への投資割合」は大きくできるのでしょうか。実際のコンサルティングの現場では、その他のさまざまな内容もヒアリングして総合的に判断して提案しているということでしょうが、その判断基準のベースになる考え方を金融機関やファイナンシャル・アドバイザーの方々が明確には持ち合わせていないということも多いのではないでしょうか。

　ＡさんとＢさんは、「（制約条件１）のａ％とｂ％」が同水準であるとした場合、本書で述べてきたフレームワークをＡさんとＢさんに当てはめてみますと、（式２ａ）の傾きZ_aは同じで、切片g(t)が異なるということになります。（式２ｂ）の切片 g(t)は、以下の算式で与えられます。

$$g(t) = \left[\left\{ 1 - \frac{1}{m(t)} \right\} \cdot (1 - v^{R-t}) \cdot (1+i) \cdot b - f(t) + i \right] / \{ f(t) + 1 \}$$

「マネープランとしての投資」で「積立計画」が存在しているという前提ならば、m(t)は定義式から簡便に計算できますし、余裕資金はその「積立計画」における剰余金率「f(t)」に読み替えることができます。また、今後の積立期間は「R−t」に読み替えることができますので、ＡさんとＢさんの「リスク許容度」から判定される「投資性資産への投資割合」の上限は、この切片 g(t)の違いから、図表５−７と同様の手順を踏むことにより、定量的に評価することができます。本書でお示ししている方法は、あくまで１つの「考え方」ということですが、今後、「マネープランとしての投資」における「積立計画・取崩計画」が、ますます、重要になってくると考えます

と、元本割れリスクにフォーカスした従来型の「リスク許容度」と、長期的な「積立計画・取崩計画」がある場合の「リスク許容度」の違いを明確化するなど、より洗練された「金融経済教育」のコンテンツが開発・提供されるようになることが望まれるのではないでしょうか。

(1) 確定給付型企業年金のノウハウを活用したフレームワーク

「積立計画・取崩計画」の実践にあたっては、積立開始後、一定期間ごと（例えば、年1回）に予定積立額 L（t）と積立資産額 F（t）の比較を行い、一定以上の乖離があれば、年間積立額、予定利率、目標資産額（必要資産額）を見直すこととなります。

これは、確定給付型企業年金における「財政検証」や「財政再計算」に当たるステップです。

その基本パターンは図表5－8の一覧表のとおりですが、「積立計画」の検証結果をふまえて、今後の積立期間（＝退職年齢R－現在年齢t）の延長、すなわち退職年齢Rを再考することも想定されますし、「（制約条件1）のa％やb％」（リスク許容度）の水準が何らかの理由で変化していないか、といったように各種パラメータの見直し要否を継続的にチェックしていく運営が合理的です。

乖離が一定以下の範囲に収まっていて各種パラメータを変更する必要がない場合でも、当初の積立計画で示唆されるとおり、予定積立額の増減（積立計画の成熟化）に従って投資性資産への投資割合は変化させていくこととなります。

「取崩計画の場合」も同様に、PDCAサイクル（定期診断）を行っていくこととなりますが、見直しが必要となった場合に検討が必要となる主な項目は「予定利率、取崩期間、（1年当たりの）取崩額」等です。

さらに「積立計画・取崩計画」の実践を担保するためには、運用リスクだけではなく、想定外の事由により「積立を継続できなくなること」や「積立

図表5－8　「積立計画」開始後、計画の再策定パターン

	年間積立額 (s·N)	予定利率 (i)	目標(必要)資産額 L(R)
F(t)>L(t)の場合	↓	→	→
	→	↓	→
	→	→	↑
F(t)＝L(t)の場合	→	→	→
F(t)＜L(t)の場合	↑	→	→
	→	↑	→
	→	→	↓

注：→変更なし、↓引下げ、↑引上げ
出所：筆者作成

資産額を取り崩さなければならなくなること」、例えば「働けなくなるリス
ク（病気や傷害等による就労不能など）」や「資産取崩を余儀なくされるリス
ク（風水害、地震・火災、事故、損害賠償など）」にも対応していく必要もあり
ます。

　ライフサイクルに応じた「積立計画・取崩計画」の策定・実践にあたって
は、投資と保険を対立するものと捉えるのではなく、それぞれの特性を把握
して両方を活用していくことが大切で、「予測しやすいライフイベント」に
は「貯蓄や積立投資」で、「予測しにくいライフイベント」には「保険」で
備えることがマッチしています。

　このように視野を広げることで、例えば「予測しにくいライフイベント」
の典型である長寿（長生きリスク）への対応では、PPPツールの図表4－22
でも取り上げたように、（長生きリスクへの保険機能を有する）「公的年金の繰
下げ受給」を活用するという発想も出てきて、その手前の期間を「自助」で
対応するというように、「貯蓄や積立投資」で実践していく「積立計画・取
崩計画」の選択肢を増やしていくことができます。

なお、図表4－22のケースでは、予定収益が630万円（＝積立中550万円＋取崩中80万円）と図表4－21のケースの1,645万円（＝積立中845万円＋取崩中800万円）に対して小さくなっていますが、これは「**公的年金の繰下げ受給**」には、長生きリスクのみならず、「**自助**」の部分での運用リスクの「**公的年金への移転**」という側面もあることを意味すると考えます。

⑵　このような「積立計画・取崩計画」のPDCAサイクル（定期診断）を実践していくことの効用とは？

　「積立計画・取崩計画」の実践状況を金融機関やファイナンシャル・アドバイザーの方々が顧客と共有して、アフターフォローを実施していくようなフレームワークを構築できれば、「**（明確な基準なしに積立投資を始めたために）上昇すれば利益確定してしまうとか、下落すれば嫌になってやめてしまう**」といったことを回避して、**必要に応じて計画見直しを実施しながら、より納得感・安心感をもって資産運用を継続していける**ようになると思われます。

　セカンドライフにおける収入の3本柱が「勤労収入・年金収入・資産収入」（図表4－12）と述べましたが、この勤労収入を何歳まで見込むのかについては、例えば、谷内陽一「インフォームド・ディシジョンの基盤としての年金ダッシュボード―DecumulationおよびWPPモデルの可視化―」（WEB Journal「年金研究」No.17、2022）で「WPPモデルは、①まず働けるうちはなるべく長く働く、②次に私的年金等が野球でいうところのセットアップ（勝ちパターンでの中継ぎ）の役割を担う、③最後に終身給付たる公的年金が人生の終盤をリリーフする、ことを基本形としている」と述べられています。

　本章で説明してきた「積立計画・取崩計画」で、20～40代などの早い時期から「退職年齢R」を仮置きしながら、先ほど述べた「今後の積立期間（＝退職年齢R－現在年齢t）の延長」も見直し要素の1つとして、PDCAサイクルで定期診断していくことで、WPPモデルにおける「退職年齢R」も早い段階から意識して、セカンドライフの収入の3本柱をどのようにしていくの

かを明示的に検討していくことができるようになると考えています。

　また、退職前まではDC年金で資産運用を実践していても、退職時には、税制上のメリットが大きいこともあり、現状では、退職所得控除が適用できるように一時金を選択することが多いのではないでしょうか。DC年金で資産運用していたものを、一旦、退職時にキャッシュ化してしまうと、改めて資産運用に回すことが合理的であると頭では分かっていても、実際には、なかなか心理的なハードルは高いものです。

　しかしながら、これまで考察してきたように、**資産形成期から「セカンドライフでの資産活用（適切なリスクテイク）」を想定した「積立計画」を策定し実践していれば、より自然なかたちで、セカンドライフにおいても資産活用する（「資産運用の継続」または「（退職時に一時金を選択して現金化した場合は）資産運用の再開」）という考えを実践することにつながる**のではないかと考えます。

[補論１]

$X \leqq t \leqq R$ の場合

$$L(t) = p \cdot N \cdot \{1 + (1+i) + (1+i)^2 + \cdots + (1+i)^{(t-X-1)}\} + F_0 \cdot (1+i)^{(t-X)}$$
$$= p \cdot N \cdot \{(1+i)^{(t-X)} - 1\} / i + F_0 \cdot (1+i)^{(t-X)}$$
$$= p \cdot N \cdot (v^{(X-t)} - 1) / i + F_0 \cdot v^{(X-t)}$$

$R \leqq t \leqq T$ の場合

$$L(t) = s \cdot N \cdot (v + v^2 + \cdots + v^{(T-t)})$$
$$= s \cdot N \cdot v \cdot (1 - v^{(T-t)}) / (1-v) = s \cdot N \cdot (1 - v^{(T-t)}) / i$$

[補論２]

$$Pr\{F(t) \cdot (1+r) - L(t) \cdot (1+i) \geqq -(1+i) \cdot N(t) \cdot b\} \geqq 100 - a\% \cdots\cdots 式①$$
$$F(t) \cdot (1+r) - L(t) \cdot (1+i) \geqq -(1+i) \cdot N(t) \cdot b$$

$$\leftrightarrow L(t) \cdot \{f(t)+1\} \cdot (1+r) - L(t) \cdot (1+i) \geqq -(1+i) \cdot N(t) \cdot b$$

$$\therefore \frac{F(t)}{L(t)} = f(t)+1$$

$$\leftrightarrow \{f(t)+1\} \cdot (1+r) \geqq (1+i) - (1+i) \cdot N(t)/L(t) \cdot b$$

$$\leftrightarrow (1+r) \geqq (1+i)/\{f(t)+1\} \left\{ 1 - \frac{N(t)}{L(t)} \cdot b \right\}$$

$$\leftrightarrow r \geqq \left\{ i - (1+i) \cdot \frac{N(t)}{L(t)} \cdot b - f(t) \right\} / \{f(t)+1\}$$

ここで、$g(t) = \left\{ i - (1+i) \cdot \dfrac{N(t)}{L(t)} \cdot b - f(t) \right\} / \{f(t)+1\}$ と置くと、

$$式① \leftrightarrow Pr\{r \geqq g(t)\} \geqq 100 - a\%$$

$$\leftrightarrow Pr \left\{ \frac{r-\mu}{\sigma} \geqq \frac{g(t)-\mu}{\sigma} \right\} \geqq 100 - a\%$$

ここで、確率変数 $\dfrac{r-\mu}{\sigma}$ は標準正規分布に従うことから、a %に対応する偏差 Z_a に対して下記が成り立つ。

$$式① \leftrightarrow -Z_a \geqq \frac{g(t)-\mu}{\sigma}$$

$$\leftrightarrow \mu \geqq Z_a \cdot \sigma + g(t)$$

この部分の面積が a %以下

[補論3]

$$Pr\{F(t) \cdot (1+r) - L(t) \cdot (1+i) \geqq -(1+i) \cdot L(t) \cdot d\}$$

$$\geqq 100 - c\% \qquad\qquad\qquad \cdots\cdots 式①$$

$$F(t) \cdot (1+r) - L(t) \cdot (1+i) \geqq -(1+i) \cdot L(t) \cdot d$$

$$\leftrightarrow L(t) \cdot \{f(t) + 1\} \cdot (1+r) - L(t) \cdot (1+i) \geqq -(1+i) \cdot L(t) \cdot d$$

$$\therefore \frac{F(t)}{L(t)} = f(t) + 1$$

$$\leftrightarrow \{f(t) + 1\} \cdot (1+r) \geqq (1+i) - (1+i) \cdot d$$

$$\leftrightarrow (1+r) \geqq (1+i) / \{f(t) + 1\} \{1-d\}$$

$$\leftrightarrow r \geqq \{i - (1+i) \cdot d - f(t)\} / \{f(t) + 1\}$$

ここで、$g(t) = \{i - (1+i) \cdot d - f(t)\} / \{f(t) + 1\}$ と置くと、

$$式① \leftrightarrow Pr\{r \geqq g(t)\} \geqq 100 - c\%$$

$$\leftrightarrow Pr\left\{ \frac{r - \mu}{\sigma} \geqq \frac{g(t) - \mu}{\sigma} \right\} \geqq 100 - c\%$$

ここで、確率変数 $\dfrac{r - \mu}{\sigma}$ は標準正規分布に従うことから、c%に対応する

偏差 Z_c に対して下記が成り立つ。

$$式① \leftrightarrow -Z_c \geqq \frac{g(t) - \mu}{\sigma}$$

$$\leftrightarrow \mu \geqq Z_c \cdot \sigma + g(t)$$

この部分の面積が c%以下

［補論4］

$$m(t) = L(t) \cdot i / \{L(t) \cdot i + p \cdot N\} \quad\quad\quad \cdots\cdots 式①$$

$$= i / \left\{ i + p \cdot \frac{N}{L(t)} \right\}$$

ここで、（式1）と $k = F_0 / (p \cdot N)$ より、

$$p \cdot \frac{N}{L(t)} = \{(v^{(X-t)} - 1) / i + k \cdot v^{(X-t)}\}^{(-1)}$$

$$= i \cdot \{(1 + k \cdot i) \cdot v^{(X-t)} - 1\}^{(-1)} \quad\quad \cdots\cdots 式②$$

であるから、式②を式①に代入すると、

$$m(t) = i / [i + i \cdot \{(1 + k \cdot i) \cdot v^{(X-t)} - 1\}^{(-1)}]$$

$$= 1 / [1 + \{(1 + k \cdot i) \cdot v^{(X-t)} - 1\}^{(-1)}]$$

$$= \{(1 + k \cdot i) \cdot v^{(X-t)} - 1\} / (1 + k \cdot i) \cdot v^{(X-t)}$$

$$= 1 - v^{(t-X)} / (1 + k \cdot i)$$

［補論5］

$$g(t) = \left\{ i - (1 + i) \cdot \frac{N(t)}{L(t)} \cdot b - f(t) \right\} / \{f(t) + 1\} \quad\quad \cdots\cdots 式①$$

$m(t) = L(t) \cdot i / \{L(t) \cdot i + p \cdot N\}$ であるから、

$$\leftrightarrow 1/m(t) = 1 + p \cdot N / \{L(t) \cdot i\}$$

$$\leftrightarrow -p \cdot \frac{N}{\{L(t) \cdot i\}} = 1 - 1/m(t) \quad\quad\quad \cdots\cdots 式②$$

ここで、$N(t) = p \cdot N \cdot (1 - v^{(R-t)}) / i$ であるから、

$$-(1 + i) \cdot \frac{N(t)}{L(t)} \cdot b = -(1 + i) \cdot (1 - v^{(R-t)}) \cdot b \cdot p \cdot \frac{N}{\{L(t) \cdot i\}} \quad\quad \cdots\cdots 式③$$

式③に、式②を代入すると、

$$- (1+i) \cdot \frac{N(t)}{L(t)} \cdot b = (1+i) \cdot (1 - v^{(R-t)}) \cdot b \cdot \left\{ 1 - \frac{1}{m(t)} \right\} \qquad \cdots\cdots 式④$$

式①に、式④を代入すると、

$$g(t) = \left[\left\{ 1 - \frac{1}{m(t)} \right\} \cdot (1 - v^{(R-t)}) \cdot (1+i) \cdot b - f(t) + i \right] / \{ f(t) + 1 \}$$

第 6 章

ケーススタディ編

〈イントロダクション〉

第1章から第5章までは、私たち一人ひとりにとって大切である「お金」との向き合い方について、取り巻く環境の変化をふまえながらも、原理原則に立ち返り、さまざまな視点から述べてきました。

第6章では、「人生の経営者」として、私たち一人ひとりがスマートに金融商品・サービスを活用していくとはどういうことなのか、いくつかの「ケーススタディ」をもとに解説させていただきます。紙面の都合上、限られた事例となっていますが、目先の「損得勘定」だけではない「意思決定」の着眼点を、その根拠も交えて解説させていただくことで、本書でお伝えしたかったことの意味を再確認していただければ幸いです。

〈ケーススタディ(1)〜(3)は、全世代向け〉

(1) 「貯蓄」であれば「安心」なのか——円資産への偏りを是正する「外貨資産」という発想

(2) 「分配金」はいつも"悪"なのか——「分配金」≒「売却タイミングの分散」という発想

(3) 現役世代の「積立投資」やセカンドライフの「資産活用」では、どの範囲の金融資産を想定して、「期待リターン」を考えればよいのか

〈ケーススタディ(4)〜(6)は、主に現役世代向け〉

(4) 住宅価格の上昇に備えて「頭金」を準備するには？——住宅購入の「頭金」は「貯蓄」でなく「不動産ファンド」という発想

(5) 長期の「積立投資」で「利益確定」は不要なのか——「一括投資部分のリスク抑制」≒「利益確定」という発想

(6) NISAとiDeCo、どちらから始めればよいのか——両方を活用しながら、年齢に応じてウエイトを変更していくという発想

〈ケーススタディ(7)〜(8)は、主に退職前後の世代向け〉

(7) 退職金で「住宅ローン」を繰上げ返済すべきなのか——「人生の経営者」という視点で捉える「住宅ローン」の意味

(8) 公的年金の「繰下げ受給」、損得を図る尺度は？——自分自身の損得勘定だけでなく、「残す資産額の多寡」という発想

「貯蓄」であれば「安心」なのか
──円資産への偏りを是正する「外貨資産」という発想

　第1章第3節(1)で、「無駄遣いはよくない」「お金は汗水たらして働いて稼ぐもの」といった話だけでは、いつの間にか「お金は使わないほうがよい」「働くのはお金のため」というようなマインドセットになってしまい、いつまでたっても「（何歳になっても）お金は使わずに貯めておく」「お金の話ははしたない」「投資なんてとんでもない」ということになってしまうと述べました。あるセミナーの講演後には、参加者から「先生をしていた母は80歳を過ぎているにもかかわらず、"老後が心配だから"と年金を使わずに貯蓄している」という話を伺ったこともあります。「貯蓄」であれば、利息がほとんどなくても元本を下回ることがないので、「安心」と感じるのはもっともなことですが、その「貯蓄」で「買えるもの」の品質や量が維持できているのか、つまり「モノの値段」と「貯蓄」を比較して、**実質的な価値が維持できるのかという視点も知っておいて損はないと考えます。**

　この「実質的な価値」という概念に馴染みがないとお感じの方も多いと思いますが、私たち一人ひとりに身近な「公的年金」でも使われている考え方です。例えば、日本経済新聞（2023年12月23日付）で、「来年度予算案112兆円政府が決定」と報道され、**年金については「2年連続で給付抑制」という見出し**となっています。この見出しだけでは「年金額が減らされる」と感じますが、記事の中では、「2024年度の公的年金の支給額改定で給付を抑制するマクロ経済スライドが2年連続で発動される前提で予算編成した。**年金額自体は上がるものの物価上昇の伸びほどの増額にはならないため実質的に目減りする……**」とあり、記事の中身にも目を通しますと、年金額自体は増えることが分かります。

　私たち一人ひとりにとっての影響という観点では、2024年の「公的年金」

は実質的に目減りするとはいえ金額自体は増加しますが、ほとんど金利が付かない「貯蓄」は、その「公的年金」よりも実質的な目減りが大きくなります。

事例①：単純化して、貯蓄が1,000万円（金利はゼロ）、公的年金が年間200万円（１％の増額）、物価上昇は２％の場合、「貯蓄」と「公的年金」の実質的な目減りはどのようになるでしょうか。

この場合、年間200万円の公的年金の実質的な価値は２万円の目減り（＝200×1.01−200×1.02）ですが、1,000万円の貯蓄の実質的な価値は20万円の目減り（＝1,000−1,000×1.02）と、さらに目減り額が大きくなります。

金額が５倍（＝1,000÷200）なのに、目減り額が10倍にもなるのは、金利ゼロの貯蓄と、１％でも増額している公的年金の違いがあるからです。

このように考えますと、私たち一人ひとりが自分事として考える際には、「公的年金」の実質的な目減りよりも、場合によっては貯蓄の部分の目減りの影響のほうが大きくなるということも見落とさないようにすることが大切であり、**「貯蓄」が「安心」とは限らない**ということになります。

では、実質的な価値を維持するためには、どのようにすればよいのでしょうか。インフレの要因もさまざまで、その要因によって処方箋も変わるはずですが、昨今の我が国の状況を考えますと、農産物やエネルギーを輸入に頼っている中、**大幅な円安で「食料品、電気代、ガス代、ガソリンなど」が大きく上昇**しているという側面があります。農産物やエネルギーを輸入に頼っている状態がすぐには変わらないとすれば、「円安」によるインフレの影響で、貯蓄の実質的な価値が下がることになりますので、「円安」の場合に金融資産が増えるようなかたちにしておくことがポイントになります。

シンプルな方法としては、「円ベースの預貯金」の一部を「外貨ベース」に変更するというものがあります。

事例②：単純化して、貯蓄が円で500万円（金利はゼロ）、**外貨で500万円**
（金利は１％）、公的年金が年間200万円（１％の増額）、物価上昇は２％、
円安の割合が２％の場合、「貯蓄」と「公的年金」の実質的な目減りは
どのようになるでしょうか。（※）なお、税金・手数料は発生しないものと
する。

　１年前の貯蓄額は1,000万円と事例①の場合と同じですが、事例②では、
その半分を外貨とし、この１年で２％の円安が進行するとしています。この
場合、年間200万円の公的年金の実質的な価値は２万円の目減り（＝200×
1.01－200×1.02）と先ほどと同様です。円の貯蓄（500万円分）の実質的な価
値は10万円の目減り（＝500－500×1.02）と、先ほどの半分になります。外
貨の貯蓄（500万円分）の実質的な価値は５万円の増加（＝500×1.01×1.02－
500×1.02）となり、**トータルでは、７万円の目減りに抑制できたことにな**
ります（事例①の場合は22万円）。

　このように貯蓄の一部を外貨に変更した場合に損失が発生するのは「円
高」となった場合ですが、その際には「インフレ」も２％ではなく１％です
んだりして、全体として影響は緩和されるかもしれません。「円安・円高」
の予測は困難ですが、**「実質価値の変動」**を緩和できるという点では、**貯蓄**
の一部を外貨にしておくほうが「安心」という発想があってもよいと考えま
す。

　一般的には、私たち一人ひとりの資産は、「金融資産も円、自宅不動産も
円、今後の収入として想定される給与・退職金・公的年金も円」というよう
に円ベース資産の「１点買い」の状態ですので、優先して考えるべき備えの
１つが「円安リスク」ということになります。なお、実際に外貨をどのよう
なかたちでもつかは、ドル、ユーロ、豪ドルなどの馴染みのある先進国通貨
に分散する方法もあれば、資産運用と同時に外貨をもつという発想で、外国
株式や外国債券をもつことで、自分自身の金融資産の一部を外貨ベースの資

産にしておくというような方法もあります。

　以上のような外貨資産で実質価値を維持するという考え方は、留学費用の準備などにも応用できます。例えば、ご自身やご子息の米国留学の費用を600万円（1＄＝100円で、6万ドル）準備することを想定した場合、何とか費用を準備したにもかかわらず、実際に留学する際に、1＄＝150円になっていたとしたら、600万円は4万ドル（＝600万円÷150円／＄）にしかならず、大幅に不足することとなってしまいますので、米国留学の費用ならば、米ドルベースの資産で準備する（もし、円高になって、円ベースで目減りしても、留学費用として問題ないと割り切る）というような方法です。

〈主な関連箇所・キーワード〉
第1章［第3節］(1)・「金融道徳」、第4章［第8節］(1)・「インフレ」、
コーヒーブレイク⑤・「実質価値」、第1章［第3節］(3)・「ヒトへの投
資（留学費用）」

「分配金」はいつも "悪" なのか
——「分配金」≒「売却タイミングの分散」という発想

　投資信託で「分配金」は望ましくないとよくいわれます。例えば、販売手数料（2％）を払って100万円の投資信託を購入したとしましょう。

　私たち一人ひとりにとっては、この販売手数料の2万円（＝100万円×2％）は「投資信託の世界への入場料」のようなものです。「分配金を受け取るコース」を選択しますと、一般的には基準価額が上昇しようが下落しようが分配金が支払われます。例えば、基準価額が動かないにもかかわらず10万円分の分配金が支払われると（実際には10万円分、つまり10％基準価額は下落）、手元に10万円のキャッシュと90万円分の投資信託が残ることになります。この状態をトータルで考えてみますと、この10万円分は「投資信託の世界への入場料（2,000円＝10万円×2％）」を支払って入ったにもかかわらず、何の貢献もせずに「投資信託の世界」から出てきたことになります。

　例えていうならば「入場料を支払ってディズニーランドに入ったのに、何のアトラクションにも乗らずに退場させられたようなもの」です。このように考えますと、**個人投資家にとって、特に使う予定のない「分配金」を受け取るメリットはない**と思えます。

　私自身の「投資」でも「分配金を受け取るコース」を選択することは、まずありません。では絶対にないかというと、BRICs（ブラジル、ロシア、インド、中国の頭文字をとった言葉）への注目が高かった頃のことですが、「資源株の新興国通貨選択型」という極めてハイリスクの投資信託を「サテライト運用」として保有していたことがあります。ハイリスクであるだけでなく、売却タイミングを見極めるのも極めて困難な時期でした。その際には「分配金を受け取るコース」としていました。その心は、**「分配金」の仕組みは「売却タイミングの分散」という機能を内包しており、「上昇するのも早いが**

下落に転じたらあっという間」というような投資信託の場合には、（上昇時でも浮かれることなく）定期的に解約する機能がついているほうが安心と考えたためです。

　当初、運用は好調で大きな含み益が出ていましたが、最終的には半額以下の基準価額になってしまいました。この投資の顛末は、高い分配率の「分配金」を受け取り続けていた結果、トータルとしては僅かにプラスで終わることができました。例えば、「**趣味としての投資**」の一環で、ハイリスクの「**サテライト運用**」として投資する場合には「**分配金を受け取るコース**」というのも選択肢の１つと考えてもよいのではないでしょうか。

〈主な関連箇所・キーワード〉
第３章［第７節］(3)・「売却タイミングの分散」、第３章［第５節］(1)・「コア＆サテライト運用」戦略、第３章［第３節］(2)・「趣味としての投資」

現役世代の「積立投資」やセカンドライフの「資産活用」では、どの範囲の金融資産を想定して、「期待リターン」を考えればよいのか

第4章第6節(4)で、「30歳、平均年収（手取り）が400万円、積立期間中の予定利率が3％」の場合に、セカンドライフ（65歳から100歳になるまで）において、毎年80万円（＝平均年収の20％相当）の年金を「自助」で公的年金に上乗せするには、退職時点（65歳）に2,000万円が必要であり、そのためには、30歳から65歳になるまで、毎月2.8万円の積立が必要になる例を紹介しました。

例えば、Aさんは、企業型確定拠出年金（DC年金）や個人型確定拠出年金（iDeCo）で毎月1.4万円の拠出があり、セカンドライフの備えとして、さらに、NISA（つみたて投資枠）で毎月1.4万円の積立投資をしていたとしましょう。このように、DCとNISAを両方、セカンドライフの備えとして活用しているならば、この両方を合わせて、毎月2.8万円の積立をしていますので、どちらか一方だけで考えるのではなく、両方を合わせた「期待リターン」が予定利率の3％以上の水準となるように考えればよいということになります。

具体例で申し上げますと、DCとNISAの両方とも、それぞれで3％ぐらいの期待リターンが見込めるバランス型の投資信託を活用する方法もありますし、iDeCoは「債券中心の投資信託（期待リターン1％）」「NISAはバランス型の投資信託（期待リターン5％）」という方法もあります。

第3章第6節(5)で述べたとおり、資産全体の期待リターンは加重平均で求めることができますので、「債券中心の投資信託（期待リターン1％）」と「NISAはバランス型の投資信託（期待リターン5％）」に半々の割合で投資していく場合には、資産全体の期待リターンは、3％（＝（1％＋5％）／2）となります。

資産全体の期待リターンは加重平均でも求めることができるといっても、投資対象資産によって期待リターンの水準が異なるはずであり、その水準がイメージできない読者の方も多いのではないでしょうか。この期待リターンの推計はプロフェッショナルの投資家にとっても非常に難易度の高いものですが、ある程度の目安ということであれば、私自身は、内外株式に100％投資する投資信託ならば7％程度、標準的なバランス型の投資信託ならば5％程度、安定的なバランス型の投資信託ならば3％程度をイメージすればよいと考えて、自分自身の投資資産の期待リターンをイメージするようにしています。

　ちなみに、コラム⑧でご紹介したGPIF（年金積立金管理運用独立行政法人）が想定する株式資産の期待リターンも7％程度の水準になっています。

　このように、資産全体の期待リターンの水準イメージがあれば、その水準を予定利率 i と考えて、例えば、「積立投資」の投資元本が2倍になる期間は、第4章第2節(3)の「126の法則」から求めることができます。

　i＝3％の場合は、42年間（＝126÷3）となります。したがって、毎月2万円、42年間では1,008万円（＝2万円×12カ月×42年）の元本が、資産運用の結果、2,016万円（＝1,008万円×2）になることが分かります。

　これは、初期積立額はなしに、毎月、一定額を積み立てた場合ですが、例えば、100万円の初期積立額があれば、この100万円も42年後には、もっと大きくなるはずです。一括投資（連続複利）の場合は、第4章第2節(2)で述べたとおり、投資倍率＝$e^{i \times n}$で求めることができます。

　第4章第2節(3)から、積立投資（連続複利）の場合は、投資倍率×（i×n）＋1＝$e^{i \times n}$の関係がありますので、この算式の左辺を計算すれば、一括投資（連続複利）の投資倍率になることが分かります。今回の「投資倍率＝2」のケースであれば、左辺が3.52（＝2×（42年×3％）＋1）となり、一括投資の100万円は42年後に352万円（＝100万円×3.52）になることが分かります。

　以上から、「初期積立額100万円と、毎月2万円の積立投資を42年間、3％の運用が継続した場合、最終的には2,368万円（＝2,016＋352）程度になると

概算できます。

　また、この「積立計画」を開始して10年後の予定積立額を知りたい場合は、投資倍率×(i×n)＋1＝$e^{i \times n}$の算式で、n＝10年、i＝3％と置くことで、「積立投資」部分の投資倍率を求め、「一括投資」部分の投資倍率は$e^{i \times n}$で求められるため、それぞれで算出した運用資産額を加えて概算することができます。

〈主な関連箇所・キーワード〉
第4章［第6節］(4)・「積立計画・取崩計画」、第3章［第6節］(5)・「期待リターン」、第3章［第3節］(1)・「プロフェッショナル」、第4章［第2節］(3)・「126の法則（積立投資）」、第4章［第2節］(2)・「69の法則（一括投資）」

ケーススタディ 4

住宅価格の上昇に備えて「頭金」を準備するには？
──住宅購入の「頭金」は「貯蓄」でなく「不動産ファンド」という発想

　本書で、ライフプランに応じた「マネープランとしての投資」について述べてきました。「持ち家派」と「賃貸派」のどちらにするかは人それぞれですし、「持ち家」から「賃貸」、「持ち家」から「地方移住」などさまざまなケースが想定されますが、住宅購入したい時期であるにもかかわらず、「資金の準備不足」や「住宅価格の上昇」で、購入できないという事態は避けたいものです。

　まず、「資金の準備不足」には、月次の家計管理をシッカリと行い、計画的に積み立てることで対応するとして、「住宅価格の上昇」には、どのように備えればよいのでしょうか。

　不動産市況を予測することは、株式や為替の動向を予測するのと同様に難しいものです。そのように考えますと、「マネープランとしての投資」の話と同様に、プロフェッショナルとして「不動産売買のタイミング」を判断していくということでない限り、「住宅購入」のタイミングは、不動産市況に振り回されるのではなく、ライフイベント（転勤、転職、結婚、子どもの誕生、子どもの成長、地方移住、終の棲家など）のタイミングを重視して計画的に準備しておくほうが得策であると思えます。

　頭金を準備する方法としては、住宅財形のように金利の税制優遇措置のある制度もありますが、金利水準が低い中では、金利に関わる非課税部分の効果で大きなものは期待できません。住宅購入のための準備資金と想定するならば、本来は、住宅を購入しようとする地域の「住宅価格の水準」に連動するような指数があれば、その指数に投資しておくことで、住宅価格の上昇を、ある程度、リスクヘッジできます。

> **事例**：単純化して、6,000万円の住宅を頭金10％で購入しようと、頭金600万円を「貯蓄（金利はゼロ）で準備した場合」と「住宅価格に連動する指数で準備した場合」で、準備してから購入するまでの間に不動産市況が20％上昇したとしたら、頭金割合にどのような違いが出るでしょうか。（※）なお、税金・手数料は発生しないものとする。

　この場合、住宅は7,200万円（＝6,000万円×1.2）となります。

　「貯蓄」で600万円を準備していた場合、10％と想定した「頭金割合」は8.3％（＝600÷7,200）へと低下してしまいます。一方で、「住宅価格に連動する指数」で600万円を準備した場合は、10％と想定した「頭金割合」は、やはり10％（＝600×1.2÷7,200）と、当初の水準を維持できます。また、積立段階でも、毎月、貯蓄（金利はゼロ）で積み立てていくと元本合計として600万円が必要となりますが、「住宅価格に連動する指数」で運用しながら積み立てていけば、元本合計は600万円より少ない額で600万円を積み立てられる可能性もあります。もちろん、住宅価格が下落したら、頭金が目減りして600万円を下回りますが、その場合は、住宅価格自体も想定より安くなり、トータル・コストは、むしろ減少するはずです。

　実際には、住宅購入したい地域の「住宅価格に連動する指数」というような都合のよいものはないと思いますが、ある程度、日本の不動産価格に連動するような投資対象があれば、貯蓄ではなく、その投資対象で頭金を準備することも合理的な選択肢の1つになります。

　私自身は、20年近く前から準備を開始して十数年前にマンションを購入した際、上記のような考え方のもとに、頭金の資金は「Ｊリートファンド（投資信託）」で準備していました。準備期間の10年ほどの間に、確かに不動産市況は上昇しましたが、準備していた「Ｊリートファンド（投資信託）」も相応に上昇して、「頭金の準備の仕方」を工夫することで、ある程度、不動産市況の上昇をリスクヘッジすることができたと考えています。

当時は、NISA制度のような非課税制度がありませんでしたが、現在はNISA制度（つみたて投資枠、成長投資枠）という有利な制度があります。住宅購入の可能性がある場合には、「マネープランとしての投資」の王道ともいえる長期・分散投資を実践できるバランス型投信だけでなく、頭金見合いは「Ｊリートファンド（投資信託）」でNISA制度を活用して準備することも、合理的な選択肢の１つであるように思えます。

　不動産市況の上昇の主たる要因が物価上昇による人件費や建築資材の上昇であると考えて、**ケーススタディ１**の事例のように、外貨資産で準備する、あるいは、「Ｊリートファンド（投資信託）」と「外貨資産」の半々で準備するなど、ヘッジしたいリスクとその要因が何であると想定するのかによってさまざまな対応策があるでしょうが、ここでは、「住宅購入」というライフイベントに対応する「頭金」の準備ということに対しても、さまざまな工夫の余地があるということをご確認いただければ幸いです。

〈主な関連箇所・キーワード〉
第１章［第３節］(4)・「モノへの投資（住宅購入）」、第３章［第３節］(3)・「マネープランとしての投資」、第３章［第６節］(1)〜(6)・「分散投資」「長期投資」

長期の「積立投資」で「利益確定」は不要なのか
— 「一括投資部分のリスク抑制」≒「利益確定」という発想

　「企業型確定拠出年金（DC年金）・個人型確定拠出年金（iDeCo）（以下、あわせてDC）」や「NISA制度（つみたて投資枠）」などで、積立投資を開始する際に、「長期、分散、積立」が投資の秘訣であるという話を聞いた方も多いと思います。社員向けのファイナンシャル・ウェルビーイング研修をしている際に、「株式市場の上昇を受けて、DC年金の資産が増えています。退職までの期間も短くなってきており、利益確定したほうがよいようにも思いますが、積立投資のDC年金でこのようなことを考えるのは、おかしな質問でしょうか」という質問を受けたことがあります。

　投資の秘訣は「長期、分散、積立」とか、「積立投資はドル・コスト平均法なので安心」というような話をキャッチフレーズのように聞かされていますと、このような場合に、どうすればよいのかが分からなくなる方は多いのだと思います。本書では、「マネープランとしての投資」について説明してきましたが、このDCについても、DCでこれぐらいの金額を退職までに貯めたいという水準（マネープラン）をおもちで、既に、DCの資産額がその水準に達しているならば、利益確定のため安全資産に振り替えることが合理的な選択肢の１つになります。その一方で、そのような明確な水準（マネープラン）がない場合は、本書で説明してきたような「マネープラン」を策定してみて、今後、どの程度のリスク運用を行うかを検討してみるのも１つの方法ですが、それも１人ではハードルが高いかもしれません。また、これまで上手くいっていればいるほど、ここで利益確定してしまうと、今後の上昇を取り損ねるという思いがよぎることも確かです。かといって、不安に感じながら、株式への高い投資割合を放置しておきますと、株式市場が下落した際には、資産額が大きくなっているだけに、その痛手も大きくなるはずです。

このような場合には、DCの資産額として溜まっている「ストック分（一括投資部分）」については、安全資産や（安定的な）バランス型の投資信託などにシフトして利益を確保しながら、毎月の購入分は、「ドル・コスト平均法」の効果を期待してリスク運用を継続するという方法も、合理的な選択肢の１つだと思えます。

　私自身が８年ほど前に、DC年金からiDeCoに資産を移管して資産運用を継続した際も、このような考え方で商品の見直しを行ったため、コロナで内外株式が大幅に下落した際もハラハラすることはありませんでした。結果的には、そのままにしておいたほうがその後の上昇相場に乗れたように思いますが、DC年金の資産残高は私自身が想定した金額を既に上回っていましたので、ハラハラせずに日々を過ごせる方法を優先した、本書で説明してきた言い方をすれば「マネープランとしての投資」に徹したということだと考えています。

〈主な関連箇所・キーワード〉
第３章［第６節］(1)〜(6)・「分散投資」「長期投資」、第３章［第３節］(3)・「マネープランとしての投資」、第５章［第１節］(3)・「積立投資の一括投資化」、第５章［第１節］(4)・「運用リスクの拡大」

NISAとiDeCo、どちらから始めればよいのか
──両方を活用しながら、年齢に応じてウエイトを変更していくという発想

　2024年に「NISA制度の抜本的拡充や恒久化」が実施されたことから、これまでは投資に関心がなかった方、あるいは、関心はあってもきっかけがつかめなかった方から、「積立投資を始めたいと思うが、NISAとiDeCo、どちらから始めればよいのか」という質問を受けることが増えています。

　結論から申し上げますと、私自身は、「どちらか1つ」というよりも「両方を活用しながら、年齢に応じてウエイトを変更していくという発想」のほうがよいのではないかと考えています。

　各制度の特徴は図表6－1のとおりです。中段に「税制面における優遇度」と「利用面における自由度」という欄がありますが、これら2つの項目はトレードオフの関係があります。

　税制面の優遇は、iDeCoとNISAともに運用益が非課税というメリットがあり、さらに、iDeCoは、掛金が全額所得控除できます。逆に、自由度という観点では、iDeCoには「原則、60歳まで払い出し不可」という制限があり、そこを重視するとNISAのほうが使い勝手がよいということになります。それでは、実際に、DC制度とNISA制度を利用している人は、どのような割合になっているのでしょうか。

　「三井住友トラスト・資産のミライ研究所のアンケート調査（2023）」によれば、DCまたはNISAを活用している人は25％程度で、調査時点（2023年1月）では、まだ、利用者は少数派でした。そんな中でもいずれかの制度を利用している方は、税制優遇制度や資産運用についての感度の高い方々と思われます。図表6－2は、DCまたはNISAを利用している人の状況ですが、50歳未満で確認してみますと、約3割が両方を活用していることが分かります。また、若い世代になるほど、DCよりもNISAの利用が多くなっていま

図表6-1 資産運用の器——税メリットと利用条件

		個人型確定拠出年金制度（iDeCo）	NISA制度（併用可能）成長投資枠	NISA制度（併用可能）つみたて投資枠	一般的な証券口座・投信口座
税メリット	買付時	掛金：全額所得控除	特になし	特になし	特になし
税メリット	運用時	運用益：非課税	運用益：非課税（無期限）	運用益：非課税（無期限）	特になし（運用益に対して20.315％課税）
税メリット	売却・受取時	課税の対象ただし各種控除あり	運用益：非課税（無期限）	運用益：非課税（無期限）	特になし（運用益に対して20.315％課税）
税メリット	税制面における優遇度	◎ ←	◎	◎	△
利用条件	利用面における自由度	△	◎	◎	◎ →
利用条件	利用できる人	原則、65歳未満	18歳以上	18歳以上	原則、制限なし
利用条件	買付額の上限	＊＊要確認＊＊	年間240万円	年間120万円	なし
利用条件	売却時の制限	原則、60歳まで払い出し不可	いつでも払い出し可	いつでも払い出し可	いつでも払い出し可
利用条件	投資方法	積立	一括購入・積立	積立	なし
利用条件	対象商品	制限あり	上場株式・投資信託等（一部対象除外あり）	積立・分散投資に適した一定の投資信託	制限なし

注：本資料は、2024年2月1日時点における法令その他情報に基づき作成しており、今後の制度改正等により、取扱いが変更となる可能性がある。
出所：三井住友トラスト・資産のミライ研究所

図表6-2 税制優遇制度（DCまたはNISA）の利用状況（未利用者を除く）

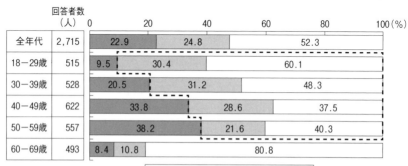

出所：三井住友トラスト・資産のミライ研究所のアンケート調査（2023）

す。先ほど、DCには「原則、60歳まで払い出し不可」という制限があると述べましたが、この制限は若い世代ほど厳しい条件となることから、納得感のあるアンケート結果であるように思えます。

　このDCの制限は、セカンドライフへの備えという位置付けならば「無駄遣いができないようにカギがかかっている状態」ともいえます。若いうちはNISAだけと割り切るよりも、NISAを中心に活用しつつ、少額であったとしてもiDeCo（または、企業型確定拠出年金のマッチング拠出）も活用し始めて、20代から30代、40代と自分自身のマネープランの状況をより実感をもって把握できるようになるにつれて、DCの活用割合を大きくしていくというような発想で取り組めばよいのではないかと考えています。

〈主な関連箇所・キーワード〉
第1章［第3節］(5)・「お金への投資（自助年金）」、第4章［第1節］
(1)〜(3)・「積立投資」

退職金で「住宅ローン」を繰上げ返済すべきなのか
──「人生の経営者」という視点で捉える「住宅ローン」の意味

　住宅購入のモデルパターンとして、「社宅や賃貸住宅に住みながら頭金を貯めて、住宅ローンでマイホームを購入。定年退職する際に退職金で住宅ローンの残債を返済して、その後は年金暮らし」というイメージを漠然とおもちの方も多いのではないかと思います。しかしながら、本書で説明してきたとおり、人生100年時代、ライフスタイルが多様化し、セカンドライフの選択肢も拡大しています。

　企業であれば、ビジネスチャンスを逃さないため、あるいは不測の事態に備えるために、（金融資産はあっても）ある程度の借入金を維持する、あるいは緊急時に金融機関から資金調達できるように契約で手当てしておくなどの対応（クレジットラインの設定）を行うこともあります。例えば、トーマス・J・アンダーソン著、木村賢治監訳「人生100年時代のローン活用術」（金融財政事情研究会、2020年）によれば、企業の負債比率について、「……調査によれば、ほとんどの企業は、借入比率、つまり、総資産に対する借入総額の比率をおよそ40～50％あたりにしています……」と述べたうえで、個人については、「……コーポレートファイナンスの世界における原則の多くをあてはめつつ、個人の場合に合わせてより保守的に考えると、富裕層における個人・家庭における最適な借入比率は、およそ25％あたり、一般的には15～35％の範囲に収まることになるでしょう。……」と述べています。

　本書では、私たち一人ひとりも「人生の経営者」という視点で、スマートに金融商品・サービスを活用していくことが重要であるということを述べてきました。自分自身やご家族が所属している「会社」を経営していると考えた場合に、今後、発生するかもしれないさまざまなチャンスやリスクへの対応という観点では、企業と同様に手元流動性の確保が重要になると思えます。

セカンドライフでは、「趣味の小さなお店を始めたい」「農業を始めてみたい」など、（金銭面よりも）遣り甲斐を重視して、新たなことにチャレンジするという選択肢が出てくるかもしれませんし、家族が留学したい、両親の介護で想定外にまとまった資金が必要、といったことがあるかもしれません。

　退職金で住宅ローンの残債を返済して、手元資金がなかった場合、こういったライフイベントに対する資金を捻出しようとすれば、新たに何らかの方法で資金調達することが必要になります。しかしながら、一般的にセカンドライフでの新たな資金調達は困難ですし、資金を調達できたとしても「住宅ローン」よりは高い金利になりがちです。

　ここで、改めて「住宅ローン」という金融商品の特徴を確認してみますと、一般的には「団体信用生命保険」というものが付帯されていて、契約者に万が一のことがあった場合には、住宅ローンの返済が免除されることになります。

　例えば、住宅ローンの残高が1,000万円であれば、1,000万円の定期保険（万が一に備える掛け捨ての生命保険）に契約しているのと同様の効果があります。退職前後の年齢になってきますと、若い頃よりも疾病リスクが高まってくることなどにより、一般的にはこの定期保険に新たに加入した場合の保険料は大幅に上昇します。また、住宅ローン契約者の病歴などによっては、新たな定期保険に加入できないケースなどもあります。

　このように考えますと、「住宅ローン」と「金融資産」を両建てでもつことには、「金利支払いが継続する」というデメリットと「人生の選択肢の拡大」や「万が一への備え（団体信用生命保険）」といったメリットの両方がありますので、金利水準、住宅ローン契約者の健康状況、今後のライフプラン（人生の選択肢の拡大）などの要素も勘案して、「住宅ローン」の残債を一括返済するのか、「金融資産と住宅ローン」を両建てでもつのかを検討してみるほうがよいと思えます。

　セカンドライフがそれほど長くなく、年金支給は60歳からで、住宅ローンの金利水準が高かった時代の「退職時に住宅ローンの残債は返済」という常

識に捉われすぎずに、私たち一人ひとりが自分自身の状況に応じて、考えてみるというスタンスをもつことが重要だと思われます。

〈主な関連箇所・キーワード〉
第2章［第2節］(1)〜(3)・「借りる」、第2章［第3節］・「住まいを資産としてみる」、第1章［第3節］(6)・「人生の経営者」、コラム①・「人生の経営者」

公的年金の「繰下げ受給」、損得を図る尺度は？
——自分自身の損得勘定だけでなく、「残す資産額の多寡」という発想

　コラム⑩で「公的年金は払い損ではない！」ということについて述べましたが、その際には、「本人が拠出する保険料の合計」と「給付額の合計」を比較して、「本人が拠出する保険料の合計」＜「給付額の合計」となるので、そのことを尺度に損得を考えてみました。ザックリいいますと、これは、「公的年金の懐」と「自分自身の懐」を比較しての損得といえます。この尺度で判定しますと、例えば、70歳受給開始とした場合に、不幸にして「繰下げ受給」開始の直後に亡くなった場合は、「本人が拠出する保険料の合計」＞「給付額の合計」となり、この尺度では"損"ということになります。

　ここで視点を変えて、ご家族などに「残す資産額の多寡」という尺度で考えてみますと、「損得勘定」はどのようになるでしょうか。

> 事例①：単純化して、セカンドライフでは「公的年金」以外に、年間100万円の上乗せが必要で、70歳になった時点の金融資産が2,000万円（金利ゼロの預貯金）、90歳に到達したところで亡くなった場合、残せる金融資産はいくらになるでしょうか。

　この場合、90歳になるまで「公的年金」の受給期間がありますので、「本人が拠出する保険料の合計」＜「給付額の合計」となり、「公的年金の懐」と「自分自身の懐」を比較しての損得では"得"になりますが、その一方で、70歳から90歳になるまでの20年間、100万円ずつ取り崩していくこととなりますので、90歳に到達した時点の資産額は0円（＝2,000万円－100万円×20年）となります。

事例②：単純化して、セカンドライフでは「公的年金」以外に、年間100万円の上乗せが必要で、70歳になった時点の金融資産が2,000万円（金利ゼロの預貯金）、不幸にして71歳になった直後に亡くなった場合、残せる金融資産はいくらになるでしょうか。

　この場合、71歳になるまでしか「公的年金」の受給期間がありませんので、「本人が拠出する保険料の合計」＞「給付額の合計」となり、「公的年金の懐」と「自分自身の懐」を比較しての損得では"損"をすることになりますが、取崩は70歳の１年間（100万円）だけとなりますので、71歳になった直後の資産額は1,900万円（＝2,000万円－100万円×１年）となり、ご家族などに「残す資産額の多寡」という観点では、大きな金融資産を残すことになります。

　この２つの事例を比べて、事例②のほうがよいという話をしているわけではありません。本来、事例①のように長生きをしながら、しかも金融資産ができるだけ枯渇しないようにするために「公的年金の繰下げ受給」という選択肢を考えるわけですが、万が一、早く亡くなった場合に「損得勘定」で"損"になるので、「公的年金の繰下げ受給」を選択することを躊躇するというのももっともなことです。しかしながら、冷静に考えますと、この場合には、事例②のように大きな金融資産をご家族などに残すことができるため、その尺度でいえば"得"であるともいえます。どこに基準を置くかは人それぞれですが、ここでは、「公的年金」の繰下げ受給を検討する際には、このような考え方もあるということをご確認いただければ幸いです。

　なお、実際には、例えば、年下の配偶者がいる場合には、65歳から年金受給を開始すれば、年下の配偶者が65歳になるまでの間、（年下の配偶者を扶養することを想定して）加給年金が支給されるため、「厚生年金部分」は65歳から受給開始し、「国民年金部分」のみ繰下げ受給を選択するというような方法もあります。また、繰下げ受給する方針ではあるものの、その手続きは保

留しておき、65歳から70歳の間に、手元資金の状況や体調などによっては「65歳受給開始」の手続きをすれば、65歳に遡って経過した期間に対応する年金額を受給することができるなど、さまざまな選択肢があります。

　余談になりますが、繰下げ受給による支給増額は「+0.7％×繰下げ月数」と定められており、この算式は男女同一となっています。年金数理的な観点では、男性よりも女性のほうが長生きする確率が高くなっていますので、一般的には、男性よりも女性のほうが、繰下げ受給の選択肢の魅力度は高いということになります。より現実的な話をしますと、男女差もさることながら、自分自身は両親や親戚も長生きで「自分も長生きするだろう」とお考えのような場合には、より「繰下げ受給」という選択肢を検討する合理性が高いということになります。

〈主な関連箇所・キーワード〉
第4章［第4節］(1)〜(3)・「公的年金」「所得代替率」「繰上げ受給」「繰下げ受給」、コラム⑩・「公的年金は払い損ではない」、第2章［第5節］・「相続・贈与」

終　　章

今後の方向性

今後の方向性を述べる前に、パーソナルファイナンス分野における「貯蓄から投資へ」の取組みのポイントを再確認してみます。

　確定給付型企業年金での知見をパーソナルファイナンス分野で積極的に活用した先例としては、ある程度まとまった資金の資産運用ニーズに対するコンサルティングを中心に展開されてきている「コア&サテライト運用」戦略があります。

　これに対して、「マネープランとしての投資」に対するコンサルティングで一番大切なことは、本書で述べてきたように「一人ひとりのライフプランに対応するマネープラン」における「積立計画・取崩計画」の策定と「投資性資産への投資割合」の決定、それらのアフターフォローによる「PDCAサイクル」の確立にあると考えます。

　これは、確定給付型企業年金における「年金ALMによる政策アセットミクスの構築」であり、その後の「財政検証や財政再計算によるPDCAサイクル」です。そう考えますと、**「マネープランとしての投資」の土台が、「積立計画・取崩計画」の策定（≒ゴールベースアプローチ）であり、その土台を実践する際には、ポートフォリオ構築のコンサルティング（≒「コア&サテライト運用」戦略）が重要であり、これらは「対立する概念」ではない**ことが分かります。

　また、本書で取り上げてきた「積立計画・取崩計画」を策定する手法の"肝"は、将来時点の「ありたい姿（バランスシート）」を想定し、現在時点のバランスシートから「ありたい姿（バランスシート）」に至る道筋をバックキャストで構築し、PDCAサイクルで実践を担保していくところにあります。

　例えば、三井住友信託銀行では、このコンサルティング手法のエッセンスを「バランスシートコンサルティング®（B/Sコンサルティング®）」と呼んでいますが、この考え方は、パーパス（存在意義）を定めたうえで将来時点での「ありたい姿」を描き、バックキャストでそれを実現する「ビジネス戦略」を構築する手法とも通底しています。

**　職域での「金融経済教育」を通じて、従業員の方々がこの「B/Sコンサル**

ティング®」の考え方を自分自身のマネープラン策定に適用できるようになれば、そのことこそが「人生の経営者」としての自分という「マインド醸成」であり、企業にとっては「自律型人材」の育成に資する取組みということになります。

　ところで、個人金融資産（約2,000兆円）の約半分が現預金に滞留したまま、その比率が変わっていないというのは事実ですが、その中身に目を向けますと「金融資産の３分の２程度を占める「60代以上」は、徐々に認知機能の低下や死亡等で投資を終了していき、その一方で「つみたてNISA」や「個人型確定拠出年金（iDeCo）」などで、資産形成層を中心に（単価は小さいものの）継続投資が見込める投資家は着実に増加しており、これらの要因に（投資資産の）時価変動も加わった結果として、約50％はあまり変わっていない」ということのように思えます。

　今後は、「（日本国民の）運用資産」に占める「マネープランとしての投資（資産形成と資産活用の双方を含む）」の割合が増加していくと見込まれ、「資産形成・資産活用」の促進に資するような「積立計画・取崩計画」の策定手法の研究と、その理論と実践の「架け橋」となるコンテンツやツールの充実が、ますます、重要になってくると考えます。

　さらに、本書では詳しく触れることはできませんでしたが、「資産形成・資産活用」に資する「積立計画・取崩計画」を策定するということは、それだけ長期間の「資産運用計画」が存在するということになります。この長期運用という特性を活かし、如何に「流動性リスクプレミアム」を個人投資家が享受できるようなフレームワークを構築できるか、個人投資家が安心して活用できるような商品・サービスの提供体制を整えていくことができるか、これらも官民一体となって取り組むべき「優先課題」になると考えます。パーソナルファイナンス分野における「積立計画・取崩計画」のフレームワークに、「流動性リスクプレミアム」の享受を検討するプロセスを明示的に組み込むことができれば、その文脈で「自宅不動産」を組み入れたり、さらには、その不動産取得に必要な「住宅ローンという負債」も含めた「個人

版年金ALMの進化」という方向性も十分にあると考えます。

　この際にも、確定給付型企業年金において2000年代に「オルタナティブ投資」が導入されていった経緯が参考になるはずです。如何に「政策アセットミクス」に「オルタナティブ投資」を組み込んでいくかということが、当時、大きな論点となりましたが、例えば、「官民学」が一体となったコンソーシアム方式で論点整理を行ったリスク管理フォーラム「リスク管理ガイドライン（オルタナティブ投資編）」（リスク管理フォーラム事務局株式会社大和総研資産運用マネジメント本部、2006年7月）が参考になると思われます。

　このような方向性が第4章の冒頭で述べたことの真意でもあります。

おわりに

　「本書の特徴・使い方」で述べましたが、巷で語られている「こうすれば儲かる」「これを知らないと損をする」という解説は、「マネープラン」全体の中の投資に関わる部分で、しかも、その投資の中の特定のスタイルにのみ当てはまるケースであることも多いと思われます。別の投資スタイルからみれば矛盾する内容もありますが、説明する側が、そのことをよく理解していないケースも散見されると感じています。

　このような部分最適の解説に振り回されることなく、私たち一人ひとりにとって「全体最適」とはどういうことなのかという視点をもつことが、「金融経済教育」や「金融商品・サービス」を提供する皆様にとっても、それらを活用する皆様にとっても極めて重要であると思われます。また、国内外で注目が高まっている「ウェルビーイング」に取り組んでいらっしゃる皆様には、その「ウェルビーイング」と「金融リテラシー度」のつながりを考えるきっかけになればという想いもあります。

　そこで、本書では、まず、「ウェルビーイング」に大きな影響を与える要素として「ファイナンシャル・ウェルビーイング」を取り上げ、「ファイナンシャル・ウェルビーイング」向上という文脈で、私たち一人ひとりに重要な「マネープランとしての投資」や、その前提となる「金融経済教育」のあり方・今後の方向性などについて述べています。

　そのうえで、一般の方もよく耳にするような「投資」に関する定説で誤解されがちなものにスポットを当てながら、一歩踏み込んで「投資」というものを理論と実践の両面から解説していく構成としました。

　例えば、DC制度やつみたてNISA制度で注目が高まっている「積立投資」について、「ドル・コスト平均法なので安心。株式に投資して放置すればよい」といった論調や「ファイナンス理論では、ドル・コスト平均法を狙った積立投資は合理的でなく、一括投資したほうがよい」といった話を耳にする

ことがあります。しかしながら、これらはいずれもある一面を捉えた主張のように思えます。

前者については、「マネープランとしての投資」では、「運用リスク」だけでなく「計画どおりにはならないリスク」も考慮することが必要であり、そのことから「積立投資の一括投資化が進むに従って、徐々に投資性資産への投資割合を低下させていくこと（グライドパス運用）の合理性」を示しました。

後者については、「ドル・コスト平均法だから積立投資をする」のではなく「資金制約があるため積立投資になる」のであり、資金制約があっても積立投資をするのは「何らかの目標」があるからのはずです。そこで、本書では「マネープランとしての投資」で積立投資を行う際の「積立計画」の策定方法として、公的年金等に上乗せする「自助」を目標とするケースを取り上げて、確定給付型企業年金で培われたノウハウを活用する手法を一例として示しました。

「貯蓄から投資へ」を促進する取組み（iDeCo制度の改革・NISA拡充や恒久化、金融経済教育の推進など）が加速する中、本書では、年金数理や年金ALMなどの知見をパーソナルファイナンス分野に応用して「積立計画・取崩計画」を策定する手法について説明しました。このような研究が契機となって、パーソナルファイナンス分野における研究充実の重要性が再認識され、「資産形成・資産活用の促進」と「ファイナンシャル・ウェルビーイング」に資する取組みを、アカデミアの世界も含め「官民学一体」となって推進していくことが望まれます。

本書が、その理論と実践の「架け橋」として、少しでも役立つことができれば幸いですし、私自身は、ウェルビーイング学会のファイナンシャル・ウェルビーイング分科会の活動などを通じて、多くの皆様と連携させていただきながら、本テーマについての知見の積上げ・データ蓄積などに努めてまいります。

どのようなお立場でありましても、本書を手にしていただいた皆様にとっ

て、人生100年時代、長くなったセカンドライフも含めて、「令和」という可能性のある時代を“したたかに楽しむ”、そのことに何か少しでも役立つヒントがあればと願いつつ、最後の言葉とさせていただきます。

　2024年4月

井戸　照喜

謝　辞

　昔から「勝負事」と「数学」が好きで、35年の金融ビジネスの経験からも刺激をもらいながら、ああでもない、こうでもないと悪戦苦闘して思考してきたことが、長い熟成期間を経て漸く1つの線につながり、このタイミングで本書を上梓できることは、私自身にとって僥倖の極みです。

　本書の刊行にあたっては、「ライフプラン等を踏まえた目標資産額と投資割合の設定・フォローアップについて」（証券アナリストジャーナル、2021年9月号）の内容をご覧いただき、40年以上に及ぶ内外金融機関の経営動向に関する幅広い知見から、パーソナルファイナンス分野における理論と実践の解説書を今こそ執筆すべきだと粘り強くご助言をくださった河野晃史さん（一般社団法人金融財政事情研究会元理事・事務局長）、「銀行ならではの"預り資産ビジネス戦略"」（金融財政事情研究会、2018年）の刊行でお世話になり、本書の企画・編集もお引受けくださった一般社団法人金融財政事情研究会の花岡博出版部長のお二人に感謝を申し上げます。

　また、東京大学公共政策大学院・鈴木寛先生並びに、慶應義塾大学理工学部・枇々木規雄先生には、狭い範囲のビジネス経験しかない私の素朴な疑問に対して、いつも丁寧なアドバイスや貴重なご示唆をいただき、本書の執筆に際しても大変お世話になりました。

　本書を執筆するにあたっては、三井住友トラスト・資産のミライ研究所の丸岡知夫所長並びに、親子ほども年が離れた研究員の皆さん（清永遼太郎氏、矢野礼菜氏、桝本希氏、杉浦章友氏）には、研究のパートナーとして日頃の活動を通じてさまざまな刺激や気付き、直接的あるいは間接的な沢山のサポートをいただきました。

そして、ここに記載しきれない、これまでの人生で、公私共々、貴重なアドバイスをいただいた皆様にも、この場をお借りして心よりお礼を申し上げます。

　「（あなたのキャッチコピーは）勝負事と数学というより"運"と"思い込み"と"勘違い"よね」などといいながらも、数カ月に及ぶ平日夜間や休日の執筆作業を温かく見守ってくれた妻と子供にも感謝しつつ、最後の言葉とさせていただきます。

2024年4月

井戸　照喜

〈参考文献〉

(第1章)

✧「自由民主党：日本well-being計画推進特命委員会（第六次提言）」(2023年5月11日)

✧「経済財政運営の改革の基本方針2023について」(閣議決定、2023年6月16日)

✧金融庁「令和5事務年度金融行政方針」(2023年8月29日)

✧「新しい資本主義のグランドデザイン及び実行計画」(閣議決定、2022年6月7日)

✧OECD/INFE「職域における金融教育の実施手引」(2022年6月)

✧三井住友トラスト・資産のミライ研究所編著「安心ミライへの「金融教育」ガイドブックQ&A」(金融財政事情研究会、2023年4月)

✧伊藤宏一「日本における金融教育の国家戦略スタートへ」(日本FP学会ニュースレターNo.8、2023.4.28)

✧内閣府「国民生活に関する世論調査」(2001年9月〜2022年10月)

✧土光敏夫著「新訂・経営の行動指針」(産業能率大学出版部、1996年3月)

✧内閣府「満足度・生活の質に関する調査報告書2023〜我が国のWell-beingの動向〜」(2023年7月)

✧三井住友トラスト・資産のミライ研究所のアンケート調査 (2023):「住まいと資産形成に関する意識と実態調査」(2023年)および「金融リテラシー度とファイナンシャル　ウェルビーイングに関する実態調査」(2023年)

(第2章)

✧厚生年金基金連合会運用調査部「厚生年金基金の資産運用—報告書の要約—」(2001年8月)

(第3章)

✧井戸照喜著「銀行ならではの"預り資産ビジネス戦略"—現場を動かす理論と実践」(金融財政事情研究会、2018年)

(第4章)

✧枇々木規雄「一括投資と積立投資に活用できる法則（ルール）」(ファイナンシャ

ル・プランニング研究、No.23、2024）

◇ 枇々木規雄「一括投資と積立投資の両方を考慮する場合に活用できる法則（ルール）」（慶應義塾大学理工学部、2023年12月14日）

◇ 野尻哲史著「60代からの「資産使い切り」法」（日本経済新聞出版、2023年）

◇ 厚生労働省「2019（令和元）年財政検証結果レポート」

（第5章）

◇ 井戸照喜「ライフプラン等を踏まえた目標資産額と投資割合の設定・フォローアップについて—年金ALM手法を活用した資産形成のフレームワーク構築に向けて—」（証券アナリストジャーナル、2021年9月号）

◇ 日本年金数理人会編「年金数理概論〔第3版〕—年金アクチュアリー入門—」（朝倉書店、2020年4月）

◇ 金融審議会市場ワーキング・グループ報告書「高齢化社会における資産形成・管理」（2019年6月3日）

◇ 井戸照喜「年金債務と資産配分について」（日本アクチュアリー会会報、第47号第2分冊、1994年）

◇ 谷内陽一「インフォームド・ディシジョンの基盤としての年金ダッシュボード—DecumulationおよびWPPモデルの可視化—」（WEB Journal「年金研究」No.17、2022）

（第6章）

◇ トーマスJ・アンダーソン著、木村賢治監訳「人生100年時代のローン活用術」（金融財政事情研究会、2020年）

（終章）

◇ リスク管理フォーラム「リスク管理ガイドライン（オルタナティブ投資編）」（リスク管理フォーラム事務局株式会社大和総研資産運用マネジメント本部、2006年7月）

事 項 索 引

【著者略歴】

井戸　照喜（いど　てるき）

1989年、東京大学大学院工学系研究科修了。住友信託銀行（現三井住友信託銀行）入社。入社後20年間は、企業年金の制度設計・年金ALM、運用商品の開発・選定等に従事。2008年からリテールビジネスで、「コア＆サテライト運用」戦略を標榜し、ストック収益重視への転換を推進。2018年、積立投資・生損保・住宅ローン等も含めた「トラストバンカシュアランス」戦略の推進担当役員、2019年、三井住友トラスト・ライフパートナーズ取締役社長、2022年、三井住友信託銀行資産形成層（職域）横断領域副統括役員。

これら業務と並行して、早稲田大学大学院商学研究科（2002〜06年度）・慶應義塾大学理工学部（2008〜18年度）で講師（非常勤）、「老後資産形成に関する継続研究会 研究会委員（公益財団法人年金シニアプラン総合研究機構）」（2022〜23年度）を務めた。

2023年より、三井住友信託銀行上席理事として「ファイナンシャル・ウェルビーイング」の調査・研究、普及活動などに注力するとともに、2024年度からは、ウェルビーイング学会ファイナンシャル・ウェルビーイング分科会座長、帝塚山大学法学部講師（非常勤）も務める。
日本アクチュアリー会正会員、年金数理人、日本証券アナリスト協会検定会員。

【主な著作】
『銀行ならではの"預り資産ビジネス戦略"―現場を動かす理論と実践』（金融財政事情研究会、2018）、『安心ミライへの「金融教育」ガイドブックQ＆A―「生きる力」を育む「金融リテラシー」の基本』（金融財政事情研究会、2023）（共著）

ファイナンシャル・ライフ・エンジニアリング
──したたかに"楽しむ"！ 洗練された「人生の経営者」を目指して

2024年5月21日　第1刷発行

著　者　井　戸　照　喜
発行者　加　藤　一　浩

〒160-8519　東京都新宿区南元町19
発 行 所　一般社団法人 金融財政事情研究会
出 版 部　TEL 03(3355)2251　FAX 03(3357)7416
販売受付　TEL 03(3358)2891　FAX 03(3358)0037
URL https://www.kinzai.jp/

校正：株式会社友人社／印刷：株式会社光邦

ISBN978-4-322-14442-0